Dr. Dennis C. Turner

Turners
Katzenbuch

KOSMOS

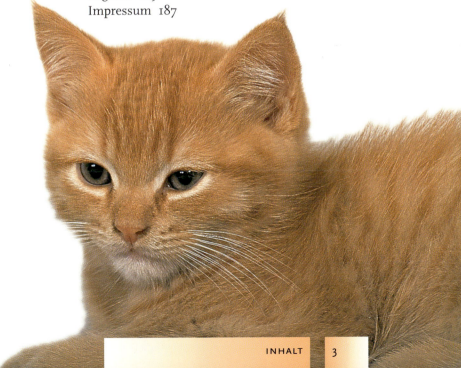

Vorwort

Als ich 1989 mein erstes, für ein breiteres Publikum geschriebenes »Fachbuch« über das Verhalten der Katze veröffentlichte, ahnte ich nicht, welche Konsequenzen dies für mich haben würde. Inzwischen habe ich – zusammen mit meinen AssistentInnen und StudentInnen an der Universität Zürich-Irchel und an meinem privat-wissenschaftlichen Institut für angewandte Ethologie und Tierpsychologie (I.E.T.) in Hirzel/Schweiz – das Verhalten unserer Hausgenossen und ihre Beziehung zu uns kontinuierlich erforscht. 1995 erschien im Kosmos Verlag mein zweites populäres Katzenbuch mit vielen Tipps und mit sehr beliebten Zeichnungen von fulvio federi. Nach mehreren Auflagen sind nun beide Bücher vergriffen, obwohl die Basisinformation in beiden immer noch Allgemeingültigkeit hat. Im Jahr 2000 wurde das von mir und Patrick Bateson ursprünglich 1988 herausgegebene Buch »The Domestic Cat. The biology of its behaviour« (Cambridge University Press) überarbeitet und neu in einer 2. Edition veröffentlicht. Es ist also wieder Zeit für ein leicht verständliches Buch zum Thema Katzen und die Mensch-Katze-Beziehung, ein Buch das auf den neusten wissenschaftlichen Erkenntnissen aufbaut. »Turners Katzenbuch« beinhaltet unveränderte Texte aus meinen früheren Werken – wenn die Informationen immer noch korrekt sind, modifizierte („updated") Informationen wo angebracht und basierend auf den jüngsten wissenschaftlichen Veröffentlichungen, und zum Teil völlig neue Abschnitte und Kapitel zu diversen „neuen" Themen. Damit ist den Katzenfreunden am besten gedient.

Ich bin Katzen-Freund, und ich bin Katzen-Forscher.

Viele Zeitgenossen meinen, diese beiden Aspekte seien miteinander unvereinbar. Ich behaupte jedoch, dass sie sich ausgezeichnet ergänzen. Entscheiden Sie selbst, aber bitte erst, nachdem Sie dieses Buch zu Ende gelesen haben!

Heute zirkulieren sehr viele, oft unbegründete Vorurteile über Katzen, Katzenfreunde und Katzenforscher. Zum Beispiel, dass alle Katzen Einzelgänger seien. Oder dass Personen, die gerne Tiere um sich haben, ein gestörtes Verhältnis zu ihren Mitmenschen hätten. Oder dass die Verhaltensforschung über eine so bekannte Tierart wie die Katze nichts Neues zutage fördern könne.

Damit will ich nicht sagen, dass alle Katzen gleich »sozial« sind; dass es keine gestörten Verhältnisse zwischen Tieren (oder Menschen!) gibt; oder dass nur der Verhaltensforscher etwas Neues über Katzen entdecken kann oder alles schon weiß. Pauschalurteile sind immer gefährlich – unabhängig davon, wer sie fällt, der Laie oder der Wissenschaftler. Dennoch sind die Verhaltensforscher, die sehr viele Einzeltiere sowohl unter standardisierten (Kolonie-) Bedingungen als auch unter „normalen" Lebensumständen (in Privathaushalten oder im Freien) intensiv beobachten, gegenüber den meisten Laien, die weniger Katzen und deren Beziehungen zur ihrer jeweiligen Umwelt kennen, im Vorteil. Dies wird besonders wichtig, wenn man an die wohl bekanntesten und – meistens – sehr geschätzten Eigenschaften dieser Begleiter des Menschen denkt: ihre Individualität, ihre Eigenwilligkeit, ihre unverwechselbare Persönlichkeit.

Ich habe viele Artikel in Fachzeitschriften veröffentlicht und Fachbücher geschrieben oder herausgegeben. Aber bei den Katzen liegt die Sache doch etwas anders: Ich erforsche das Verhalten der Heimtierart, die auf der Skala der Beliebtheit heute in vielen Ländern an oberster Stelle steht. Gerade weil das Interesse bei vielen Menschen so stark ist, haben die Verfasser populär geschriebener Bücher mitunter beträchtliche Erfolge erzielt, ohne bei dem, was sie geschrieben haben, immer die neuesten Forschungsergebnisse zu berücksichtigen.

Ich hoffe, dass Ihre Freude an diesen faszinierenden Tieren mit diesem Buch weiter gesteigert wird (wenn das überhaupt noch möglich ist!), und dass meine Ausführungen Ihnen zu einer verständnisvolleren Partnerschaft verhelfen kann.

Dennis C. Turner
Hirzel und Zürich
Juni 2003

Von der Wildkatze zur Hauskatze

1. Die Domestikation

Die Domestikation einer wilden Tierart kann man dann als gegeben betrachten, wenn ihre Nahrungsaufnahme, vor allem aber auch ihre Fortpflanzung unter menschlicher Kontrolle stattfindet, die Tiere also gepflegt, gefüttert und gezüchtet werden. In diesem Kapitel möchte ich der Frage nach den Ahnen unserer Hauskatzen, ihrer Domestikationsgeschichte sowie der Theorie der »Selbstdomestikation« nachgehen.

Der Vorfahre unserer Hauskatzen

Felis libyca forma catus ist, laut Paul Leyhausen, der korrekte taxonomische Name für unsere Hauskatzen, obwohl man oft die Namen *Felis silvestris f. catus* (oder *sylvestris*), *Felis catus* und *Felis domesticus* (oder *domestica*) liest.

Felis libyca (oder Felis silvestris libyca) ist der wissenschaftliche Name für die (nord-)afrikanische Wildkatze; Felis silvestris (oder Felis silvestris silvestris) der für die europäische Wildkatze. Viele Besitzer sind der Meinung, dass unsere Hauskatzen von den europäischen Wildkatzen abstammen, was jedoch falsch ist.Vergleichende morphologische Untersuchungen haben ergeben, dass alle drei Formen – die afrikanische, die europäische und die domestizierte Katze – der gleichen Tierart zuzuordnen sind. (Einige Autoren nennen diese Art Felis silvestris, andere Felis libyca, daher die Verwendung der beiden oben genannten Namen.) Ragni und Randi stellten anhand von Schädelmessungen kürzlich fest, dass die domestizierten und die afrikanischen Formen näher miteinander verwandt sind als mit der europäischen Form. Aus diesen und anderen Untersuchungen geht klar hervor, dass der Vorfahre unserer heutigen Hauskatze die nordafrikanische Wildkatze (Felis libyca) ist.

Leider wissen wir nicht viel über das Verhalten der afrikanischen Wildkatze; was wir wissen, verdanken wir dem Schweizer Naturhistoriker C.A.W. Guggisberg. Er berichtete, dass diese Wildkatzen keineswegs selten, aber sehr scheu und nachtaktiv sind. Offenbar fangen die Einheimischen (z.B. in Kenia) die Jungtiere ein, ziehen sie auf und spielen mit ihnen. Sie werden anscheinend nicht gezüchtet; aber der erste Schritt zur Domestikation lässt sich aus diesen Handlungen leicht ableiten.

Die Domestikation und Frühgeschichte der Hauskatze

Domestikation ist ein eher langsamer, schrittweiser und dynamischer Prozess und nicht ein punktuelles »Ereignis«, das man zeitlich oder räumlich genau festlegen kann. Man liest und hört alles Mögliche über die Domestikationsgeschichte unserer Katzen: Sie sollen im Nahen Osten, in Indien und auch in China erstmals (oder sogar mehrmals) domestiziert worden sein! Die Tatsache, dass der Aufbau des Skeletts der modernen Katze sich nur wenig von dem ihrer Vorfahren abweicht, macht die Interpretation der bei Ausgrabungen gefundenen Knochen noch schwieriger. Diese Knochen- und Zahnstücke werden von den Archäologen natürlich dem gleichen Zeitraum zugeordnet wie die anderen an einer bestimmten Ausgrabungsstelle entdeckten Gegenstände, aber sie sagen sehr wenig über den Domestikationszustand der damaligen Tiere aus.

Obwohl einige Autoren die Knochenfunde z. B. auf Zypern, in Jericho, Haçilar (zwischen 7000 und 5000 v. Chr.) und im Industal bei Harappa (ca. 2000 v. Chr.) als Beweis für eine frühere oder dort vollzogene Domestikation der Katze werten wollen, fand man ein-

Wo wurde die Katze wirklich domestiziert?

zig in Ägypten konkrete Anhaltspunkte für die Domestikation. James Serpell hat eine hervorragende Übersicht aller bekannten Details über Katzen in Altägypten verfasst, und ich stütze mich hier auf seine Ausführungen wie auch auf einige Originalquellen.

Die frühesten Abbildungen von Katzen (wahrscheinlich Wildkatzen) in Ägypten stammen aus dem dritten Jahrtausend v. Chr. In der Grabstätte von Ti (ca. 2600 v. Chr.) gab es eine Abbildung, auf der eine Katze ein Halsband trägt; dies deutet darauf hin, dass Katzen zumindest in Gefangenschaft gehalten, wenn nicht sogar domestiziert wurden. In einer späteren Grabstätte (ca. 1900 v. Chr.) fand man die Knochen von 17 Katzen und kleine Schalen für Milchgaben. Dem Lexikon der Ägyptologie zufolge setzen die Abbildungen von Katzen und entsprechende Inschriften erst im Mittleren Reich (ca. 2040 bis 1650 v. Chr.) in bedeutendem Maß ein. Da in Ägypten von etwa 1600 v. Chr. an Bilder und Plastiken von Katzen immer häufiger auftreten, kann man annehmen, dass die Katze spätestens zu dieser Zeit schon domestiziert war. Zahlreich sind dann die Funde aus der Zeit des Neuen Reiches (ca. 1540 bis 1070 v. Chr.), wobei die Wertschätzung der Katzen ihren Höhepunkt in der Spätzeit (ca. 712 bis 332 v. Chr.) erreichte, wie die Schilderungen von Herodot bestätigen.

Wieder dem Lexikon der Ägyptologie zufolge konnte das Geschick der Katzen bei der Bekämpfung von Nagetieren und Schlangen ein Hauptgrund für ihre Domestikation gewesen sein. Im Mittleren Reich schätzte man sie als Gehilfen bei der Jagd auf Wasservögel, und bis in die Zeit des Neuen Reiches gehörten sie zu den Lieblingstieren, die in den Wandmalereien der thebanischen Gräber unter dem Stuhl des Grabherrn dargestellt wurden. Aber die Rolle der Katze in Altägypten war noch viel bedeutsamer: Sie erscheint im »Traumbuch«, in der Fabel, im Tiermärchen und in der zukunftsweisenden Parodie des Katzen-Mäusekrieges. Schon während der 18. Dynastie (ca. 1540 bis 1295 v. Chr.) gab es in der volkstümlichen Religion Ansätze zu einer Vergöttlichung der Katze. Später galt sie »als Tier der Bastet, einer ursprünglichen Löwengöttin, die sich zur Katze gewandelt hat und damit den Gegenpol zur wütenden Löwin Sachmet bildet«. Aus der Spätzeit liegen zahlreiche Katzenbronzen und -artefakte vor, außerdem fand man Katzenfriedhöfe in Bubastis, Saqqara, Tanis, Speos Artemidos, Beni Hassan, Gebel Abu Foda, Darb el Kareib und Theben.

LINKS **Eine Darstellung der Göttin Bastet, die heute im Ägyptischen Museum in Kairo zu sehen ist.**

RECHTS **Eine Katzenmumie aus dem Ägyptischen Museum.**

1988 hatte ich die Gelegenheit, solche Artefakte und Katzenmumien im Ägyptischen Museum in Kairo zu besichtigen und zu fotografieren. Doch obwohl die Vielfalt und Genauigkeit der Plastiken sehr beeindruckend ist, vermitteln sie keinen so guten Eindruck vom Ausmaß des Katzenkults wie Herodots Beschreibungen.

Im damaligen Bubastis am tanitischen Arm des Nils (etwas südöstlich vom heutigen Zagazig im Nildelta) feierten die Ägypter am 13. Tag des 2. und 5. Monats und am 18. Tag des 6. Monats die Feste der Bubastis (Lexikon der Ägyptologie). Laut einer Inschrift aus der Herrschaftszeit Ramses IV. war an ihrem Fest die Löwenjagd verboten. Viel mehr erfahren wir jedoch über diese Feste und die Beziehung der Altägypter zu ihren Katzen aus Herodots II. Buch der *Historien*, aus dem ich hier zitiere:

»Die großen Feste finden in Äypten nicht… einmal jährlich statt, sondern sehr oft. Am häufigsten und liebsten versammelt man sich in Bubastis der Artemis [oder Bastet] zu Ehren…

Die Festfeier in Bubastis verläuft folgendermaßen. In einzelnen Baren kommen sie dahergefahren, eine große Menge Volks, Männer und Frauen durcheinander…

Sobald sie in Bubastis angelangt sind, beginnt das Fest unter großen Opfern, und Wein wird an diesem Fest mehr verbraucht als in dem ganzen übrigen Jahre. Die Zahl der Zusammenkommenden, Männer und Frauen, die Kinder nicht eingerechnet, beträgt, wie man dort versichert, gegen siebenhunderttausend Menschen...

So ist es in Bubastis... In dieser Stadt ist vor allem das Heiligtum [Tempel]... merkwürdig. Es gibt größere und kostbarere Tempelbauten, aber keinen anmutigeren als diesen der Bubastis. Bubastis ist der ägyptische Name für Artemis [Bastet].

Das Heiligtum liegt mit Ausnahme des Eingangs ganz auf einer Insel. Vom Nil her laufen zwei Kanäle heran, die bis zur Eingangsstelle des Heiligtums getrennt bleiben und sich zu beiden Seiten herumziehen. Jeder ist hundert Fuß breit und von Bäumen beschattet. Die Vorhalle ist zehn Klafter hoch und mit bemerkenswerten Standbildern von sechs Ellen Höhe geschmückt. Das Heiligtum liegt mitten in der Stadt und ist von allen Stadtteilen aus zu übersehen... Herum läuft eine mit Reliefs geschmückte Mauer, und innen ist ein Hain mit mächtigen Bäumen, der um das hohe Tempelhaus herumgepflanzt ist, in dem das Bild der Göttin steht... Von dem Eingang aus führt eine mit Steinen belegte Straße von drei Stadien Länge über den Marktplatz der Stadt nach Osten... Zu beiden Seiten stehen himmelhohe Bäume. Sie endet bei dem Heiligtum des Hermes.«

Herodot schreibt weiter über die Beziehung der Ägypter zu diversen Tieren, dass sowohl wilde wie auch zahme ohne Ausnahme als heilig betrachtet werden. Es gab sogar schon damals spezielle Tierwärter (manchmal auch Wärterinnen), die für die Fütterung der Tiere verantwortlich waren; dieses Amt wurde vom Vater auf den Sohn vererbt. Herodot berichtet über die Bräuche beim Tierdienst: »Nach einem Gebet zu dem Gott, dem das Tier heilig ist, scheren sie ihren Kindern die Haare, entweder den ganzen Kopf oder den halben

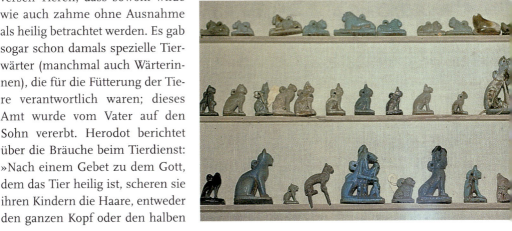

Auch im täglichen Leben Altägyptens hatten Katzen ihren Platz. Hier einige der Schmuckanhänger im Museum in Kairo.

oder ein Drittel und wägen die Haare mit Silber auf. Dies Silber bekommt die Wärterin des Tieres, die dafür Fische kauft und sie ihm zerschnitten zum Fraß gibt... Tötet jemand eines dieser Tiere absichtlich, so trifft ihn die Todesstrafe, wenn unabsichtlich, so zahlt er die ihm von den Priestern zugemessene Strafe. Wer aber einen Ibis oder Habicht tötet, muss in jedem Falle sterben.«

Wir sehen daran, dass andere Tiere als noch heiliger galten als die Katze. Speziell über die Katzen in Ägypten schrieb Herodot: »Die Ägypter haben viel Haustiere und würden noch mehr haben, wenn die Zahl der Katzen nicht durch folgenden Umstand vermindert würde. Wenn die weibliche Katze Junge hat, meidet sie den Kater; der verlangt also vergebens nach dem Weibchen. Daher ist er auf den Ausweg verfallen, die Jungen ihren Müttern mit Gewalt und List zu rauben und sie zu töten, ohne dass er sie aber frisst. Die ihrer Jungen beraubte Katze möchte dann von neuem Junge haben und läuft wieder zum Kater. Dies Tier liebt es nämlich, Junge zu haben. Merkwürdig ist das Benehmen der Katzen bei einer Feuersbrunst. Die Leute denken gar nicht an das Löschen, sondern stellen sich rings um das Feuer auf und geben auf ihre Katzen acht. Trotzdem springen diese zwischen ihnen hindurch oder über sie hinweg in die Flammen. Darüber sind die Ägypter dann sehr betrübt. Wenn in einem Hause eine Katze stirbt, scheren sich alle Hausbewohner die Augenbrauen ab; und wenn ein Hund stirbt, so scheren sie sämtliche Körper- und Kopfhaare.

Als Mäuse-Vertilger genießt die Katze schon seit langem ein hohes Ansehen...

Die toten Katzen werden nach der Stadt Bubastis gebracht, einbalsamiert und in heiligen Grabkammern beigesetzt. Die Hündinnen begräbt man in der eigenen Stadt in geweihten Särgen...«

Wir entnehmen diesem Text Herodots, der Bubastis etwa im Jahre 450 v. Chr. besuchte, dass die Ägypter der Spätzeit tatsächlich die Katze – aber nicht nur die Katze – als heilig verehrten und dass diese Tiere auch ihr tägliches Leben prägten. Ich schließe diesen Abschnitt mit einem Zitat (nach Aberconway) des Spruches vom Obelisk von Nebra (er steht heute im Turiner Museum), in dem die Bewunderung der damaligen Ägypter für ihre Katzen zum Ausdruck kommt: »Die wunderbare Katze, die es für immer und ewig geben wird.« Doch dies darf auch nicht darüber hinweg täuschen, was Röntgenaufnahmen der ägyptischen Katzenmumien zeigen: Die Mehrheit der Tiere wurde im Alter von weniger als zwei Jahren (wahrscheinlich zeremoniell) durch Genickbruch geopfert.

Domestikation oder »Selbstdomestikation« in Ägypten?

Es gibt verschiedene Vertreter der »Selbstdomestikationstheorie«, der wohl bekannteste unter ihnen war Paul Leyhausen. Er schrieb damals, es gäbe keinerlei Beweise dafür, »dass die Lebensweise der Katze und die Aufnahme dieses Tieres ins menschliche Heim zu irgendeinem Zeitpunkt ihrer Geschichte vom Menschen geplant und überlegt gestaltet worden wäre... Mit anderen Worten: Der einzige bestimmende Faktor für die Haustierwerdung der Katze war die Katze selbst... – wenn auch mit der unvorhergesehenen Hilfe des Menschen.«

Das soll folgendermaßen geschehen sein: Die alte ägyptische Kultur beruhte auf dem Anbau und der Lagerung von Getreide, das in besiedelten Gebieten sicherlich beachtliche Mengen von Ratten und Mäusen angelockt und auch ernährt hat. Die in der Nähe von Getreidespeichern lebenden Wildkatzen begannen, sich diese Anhäufung von Beutetieren zu Nutze zu machen, und schlossen daher Häuser, Dörfer und Tempel allmählich in ihre Streifgebiete ein. Zunächst sollen die Ägypter diese Mäusevertilger wegen des großen Nutzens geduldet, später auch gefördert haben (wobei allerdings nicht klar ist, wie sich dies abgespielt haben soll), bis die Beziehung schließlich enger und dauerhaft wurde.

James Serpell ist ein Gegner dieser Theorie, denn sie weist dem ägyptischen Volk eine ungewöhnlich passive Rolle zu. Er schreibt: »Eines der hervorragendsten Merkmale des sozialen und religiösen Lebens der alten Äypter war aber deren Passion für Tiere. Von den ersten Dynastien an bestand eines der wichtigsten Freizeitvergnügen des Ägypters anscheinend aus dem Zähmen und Halten von Tieren, so dass es unwahrscheinlich anmutet, dass ein Volk, das Affen, Paviane, Hyänen, Mungos, Krokodile, Löwen und verschiedene Huftiere zähmte und als Haustiere hielt,... ausgerechnet die Wildkatzen beiseite gelassen haben soll.«

Ich vermute, dass beide Seiten Recht haben: Es lässt sich leicht vorstellen, dass die Wildkatzen von sich aus den ersten Schritt (die Einschließung der von Beutetieren geplagten, menschlichen Ansiedlungen in ihre Reviere) unternommen haben, dass aber die dortigen Bewohner dies sehr aktiv, z. B. durch Futtergaben und Zähmungsversuche an gefangenen Tieren, unterstützt haben. (Ich

...und half in den letzten Jahrtausenden die kleinen grauen Plagegeister zu dezimieren.

erinnere hier daran, dass heutige Kenianer mit jung gefangenen afrikanischen Wildkatzen ganz ähnlich verfahren.) Im Lauf der Zeit haben einige dieser gefangenen und zahm gewordenen Tiere sich fortgepflanzt und eine nächste Generation »Versuchstiere« produziert. Leider werden wir wahrscheinlich nie genau wissen, wie dies alles vor sich ging, und wir müssen – und dürfen – einfach die Tatsache akzeptieren, dass die moderne Hauskatze in Altägypten einerseits zwar domestiziert wurde, aber auch ihre »Selbständigkeit« beibehalten hat.

2. Von Bastet bis Garfield: eine kurze Geschichte

Die Altägypter versuchten tatsächlich, die Ausbreitung ihrer heiligen Katzen zu verhindern; ins Ausland geschmuggelte Tiere wurden sogar zurückgekauft und repatriiert. Trotzdem gelangten immer mehr Katzen in die Nachbarländer, und dank der großen Anpassungsfähigkeit der Tiere vollzog sich ihre »Eroberung der Welt« im Lauf von weniger als zwei Jahrtausenden. Die Grundzüge der post-ägyptischen Geschichte der Katzen werden in diesem Kapitel geschildert. Detaillierte weitere Angaben sind in den Werken von Fox, Serpell und Tabor zu finden.

Die Ausbreitung

Den Recherchen von James Serpell zufolge bestanden zwischen Ägypten und Palästina enge Handelsbeziehungen; es ist denkbar, dass die im östlichen Nachbarstaat ansässigen ägyptischen Händler ihre Hauskatzen mit sich nahmen. Archäologen fanden in Lachish eine Katzenplastik aus Elfenbein, die ungefähr aus dem 17. Jahrhundert v. Chr. stammen dürfte. Wahrscheinlich unterhielten die Altägypter auch Seehandelsbeziehungen mit den Minoern auf Kreta; von dieser Zeit zwischen 1500 und 1100 v. Chr. zeugen ein Fresko und ein Katzenkopf aus Terrakotta. (Nach Michael Fox kann nicht mit Sicherheit ausgeschlossen werden, dass die Phönizier selbst – oder in ägyptischen Diensten stehende Phönizier – mit ihren Schiffen für die Ausbreitung der domestizierten Katzen im Mittelmeerraum verantwortlich waren.) Spätestens um 500 v. Chr.

gelangte die erste Katze auf das griechische Festland; um diese Zeit entstand auch die erste Marmorskulptur einer Katze (dargestellt ist ihre Begegnung mit einem Hund). Wenig später führten die Griechen Katzen nach Süditalien ein. Aber obwohl die Tiere als »Exoten« anfänglich auf ein gewisses Interesse stießen, wurden sie weder in Griechenland noch in Italien besonders populär. (Eine mögliche Erklärung dafür ist, dass in beiden Völkern damals bereits Iltisse und Frettchen als Schutz vor Ratten und Mäusen gehalten wurden.) Erst später, im 4. Jahrhundert n. Chr., erkannten die Römer die Vorteile von Katzen als Schädlingsbekämpfer.

Katze vor dem Kolloseum in Rom.

Noch früher waren die Katzen auch in den Osten vorgedrungen. In Harappan-Siedlungen (ca. 2500 v.Chr., Indus Tal) gab es schon (domestizierte?) Katzen, die eventuell aus Ägypten stammten. Im Fernen Osten und in China gibt es erst aus späterer Zeit entsprechende Hinweise. Fox berichtet zwar, dass die Katze bereits um 1000 v. Chr. in China und nur wenig später auch in Japan bekannt war, doch bezweifle ich, dass es sich dabei um die domestizierte Form unserer heutigen Hauskatzen handelt. Diese Zeitangabe würde nämlich auf eine unabhängige Domestizierung im Fernen Osten hindeuten, was nirgendwo belegt ist. Josef und Zdenêk Kratochvíl haben morphologische Untersuchungen durchgeführt und die Schädelformen und Blutkaryotypen (Blutproteine) von Haus-, Perser-, Siam- und Wildkatzen miteinander verglichen. Sie kamen zu dem Schluss, dass gattungsmäßig alle drei domestizierten Formen vom selben Vorfahren abstammen – der Wildkatze (*Felis libyca*). Evolutionsmäßig lassen sie sich jedoch in zwei Linien aufteilen: die afrikanische, zu der auch unsere ersten Hauskatzen zählen, und die asiatische, zu der die Perser und Siamesen gehören. Der Siamese ist zoologisch am weitesten von der afrikanischen Linie entfernt; der Perser weist aber den stärksten Domestikations-, d.h. Zuchteinfluss auf. Die eben genannten Autoren meinen, dass jede der drei Formen eigene Vorfahren auf der Ebene der Unterart hat, was für getrennte Domestikationszentren sprechen könnte. Andere Taxonomen streiten hingegen sogar die Existenz der Unterarten ab. Jedenfalls kommen auch die Kratochvíls zu dem Ergebnis, dass unsere Hauskatzen von den nordafrikanischen Wildkatzen abstammen; historisches Beweismaterial für die Existenz weiterer Domestikationszentren liegt zur Zeit nicht vor.

Wahrscheinlich waren die Römer für die Ausbreitung der domestizierten Katze in Nordeuropa verantwortlich; bis zum II. Jahrhundert n. Chr. war sie überall in Europa und Asien anzutreffen. Dank ihrer Zähigkeit und Flexibilität konnte sie problemlos auf Schiffen mitgenommen werden, und sie reiste später auch auf den großen Entdeckungsfahrten mit in die Neue Welt.

Schwierige Zeiten

Mit den Siedlungen und Städten entwickelten sich auch die dort lebenden Rattenbestände. Diese Tiere taten sich nicht nur an den Nahrungsmitteln in den Vorratskammern gütlich, sondern verbreiteten auch verschiedene Krankheiten im Zuge ihrer Invasionen. Als natürlicher Feind dieser Nagetiere genoss die Katze bis ins Mittelalter eine stets wachsende Wertschätzung. Nach der ausführlichen geschichtlichen Darstellung des Zusammenlebens von Katzen und Menschen von Roger Tabor hatte das Christentum bis zu dieser Zeit eine positive Einstellung gegenüber Katzen: sie waren beispielsweise die einzigen Heimtiere, die in Klöstern gehalten werden durften.

Dann traten innere Probleme und Spannungen auf – Vorboten der späteren Reformation –, und die Kirche suchte und fand einen die verschiedenen Strömungen vereinigenden Feind: die Anhänger vorchristlicher Volksreligionen. Dies führte in ganz Europa zu einer tiefgreifenden Veränderung der Einstellung zur Katze. James Serpell schreibt dazu: »Aus dem mehrheitlich wohlwollenden Symbol für Weiblichkeit und Mütterlichkeit in Verbindung mit den Muttergöttinnen Bastet, Minerva, Diana und der nordischen Göttin Freya wurde das pure Gegenteil: bösartige Dämonen, Gesandte des Teufels, heimtückische Begleiter von Hexen und Geisterbeschwörern.« Weiter meint er, dass die im Zölibat lebenden Priester damals insbesondere die sexuell aktiven weiblichen Katzen verabscheuten und als ekelhaft ansahen.

Katzen waren inzwischen nicht mehr nur als Exoten bei wohlhabenden Personen zu finden, sondern so weit verbreitet, dass auch einsame, allein stehende Frauen sie als Hausgenossen hielten. Das war für beide Partner dieser Beziehung recht verhängnisvoll: Die Frauen wurden Jahrhunderte lang als Hexen und die Katzen als ihre dämonischen Begleiter verfolgt, gefoltert und verbrannt. Nach James Serpells Untersuchungen glaubte man, dass Hexen auf riesigen Katzen – nicht nur auf Besenstielen – ritten und sich sogar in Katzen verwandeln könnten. Tabor erinnert daran, wie unheimlich es manchen empfindsamen Gemütern erscheinen mag, wenn eine Katze mitten in der Nacht durch offene Fenster das Haus verlässt oder Türfallen öffnet – wie überhaupt ihre Eigenwillig-

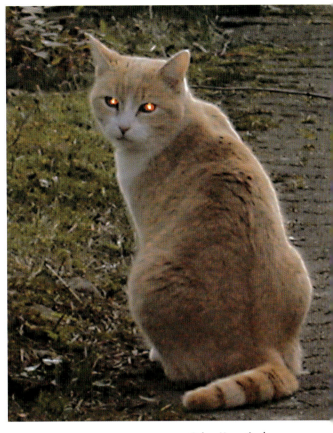

Leises Heranpirschen, funkelnde Augen bei Nacht... So konnten im Mittelalter schnell Vorurteile entstehen.

keit und Unabhängigkeit für manche etwas Beunruhigendes hat.

Sowohl Serpell als auch Tabor schildern sehr interessante Einzelheiten, was die Verbindungen zwischen Katzen und Frauen – und Katzen und Hexen – im Mittelalter betrifft. Mehr erfahren Sie aus den jeweiligen Werken der genannten Autoren.

Diese Feindschaft gegen Katzen hielt sich über mehrere Generationen; festsitzende Meinungen sind eben nur schwer zu ändern und sind vielleicht noch heute hier und da zu finden. Nach Michael Fox erfolgte der Umschwung zu Gunsten der Katze schließlich doch: im 18. Jahrhundert, als die Invasion der aus dem Osten nach Europa vordringenden Wanderratte (*Rattus norvegicus*) einsetzte. Diese Nager waren noch hartnäckiger und anpassungsfähiger als die einheimischen Ratten (*Rattus rattus*), und die Katze gelangte, als einzige Verbündete gegen die unliebsamen Eindringlinge, zu neuem Ansehen. Obwohl es schon Gifte gab, konnte man sie vielerorts – in Wohnhäusern, Bäckereien, Vorratskammern usw. – nicht einsetzen. Die Preise für gute Rattentöter stiegen enorm. Da die Katze als äußerst sauberes Tier galt (und gilt), war sie geradezu ideal für den Einsatz an solchen Orten geeignet.

Seither ist sie von ihrem Platz in der Nähe des Menschen (sie lebt ja nicht an seiner Seite wie ein Hund) nicht mehr wegzudenken. Harrison Weir organisierte die erste Katzenausstellung der Welt, die am 16. Juli 1871 im »Crystal Palace« in London stattfand; schon damals gab es einige verschiedene »Rassen«, Farben und Fellmuster zu sehen.

Langhaarige Katzen mit ihrem charakteristischen Fell, dessen Eigenschaften durch eine natürliche Genmutation hervorgerufen werden, stammen aus Kleinasien, vielleicht aus Persien; solche Tiere fanden schon im 16. Jahrhundert ihren Weg nach Europa. An der ersten Ausstellung konnte man auch einige »Siamesen« bewundern, obwohl sie erst um diese Zeit nach Europa importiert wurden. Die Genmutation, die das für die Siamkatze typische Farbmuster hervorruft, ereignete sich etwa um das Jahr 1500 n. Chr. in Südostasien. Aus dieser Zeitperiode stammen Beschreibungen dieser Fellfarbmuster, die in Ayudha ihren Ursprung haben – der damaligen Hauptstadt Siams, das heute Thailand heißt. Aber erst seit etwa 150 Jahren gibt es die moderne, systematische Zucht verschiedener Rassen, die wir in Kapitel 16 noch einmal kritisch betrachten werden.

Katzen in der heutigen Gesellschaft

Domestizierte Katzen sind heute überall anzutreffen, wo es Menschen gibt (oder gab): von den Alphütten hoch in den Bergen bis zu den Südseeinseln; von den alten Ruinen in Ägypten und Rom bis zu den modernenForschungsstationen im Polareis; von den materiell reichsten bis zu den ärmsten Ländern dieser Welt. Und sie spielen in der Gesellschaft immer noch ihre beiden ursprünglichen Rollen – nämlich die des Schädlingsbekämpfers und die des Gefährten der Menschen.

Obwohl zuverlässige Zahlen nur für die westliche Welt sowie für Australien und Japan existieren (dank moderner Marktforschung), ist es für viele Zeitgenossen immer noch erstaunlich, wie verbreitet die Haltung dieser Tiere ist. »Statistische Zahlen (aus dem Jahr 2000) für die meisten westeuropäischen Länder sowie für Nordamerika, Japan und Australien sind in der Tabelle unten zu entnehmen. Im Durchschnitt beherbergen etwa 25 % aller westlichen Haushalte mindestens eine Katze – viele davon sogar noch mehr. In mehreren Ländern hat die Katze neuerdings den Hund vom ersten Platz auf der Rangliste der Popularität verdrängt.

Geschätzter Bestand an Katzen im Jahr 2000 in verschiedenen Ländern[1]

Land	Bestand	Land	Bestand
Österreich	1'435'000	Portugal	800'000
Belgien	1'440'000	Spanien	2'937'000
Dänemark	646'000	Schweden	1'295'000
Finnland	555'000	Schweiz	1'310'000
Frankreich	8'900'000	Türkei	1'277'000
Deutschland	6'800'000	Großbritannien	8'000'000
Griechenland	817'000	Kanada	6'599'000
Irland	402'000	USA	75'075'000
Italien	9'200'000	Japan	7'718'000
Niederlande	2'700'000	Australien	2'600'000
Norwegen	631'000		

1)Quelle:Copyright Euromonitor 2003

Oft begegnet man der irrtümlichen Ansicht, Katzen seien nur etwas für allein stehende, ältere Damen. Zeitungsreportagen, in denen berichtet wird, dass aus den oft sehr kleinen Wohnungen solcher Personen zahlreiche Katzen durch Tierschutzvereine abgeholt werden, verstärken diesen Eindruck. Aber exakte Daten beweisen das Gegenteil. Zum Beispiel konnten Peter Messent und Steve Horsfield schon 1981 anhand der Zahlen für Großbritannien zeigen, dass sich der Prozentsatz der Haushalte mit Katzen wie in der Tabelle auf S. 20 verteilt.

Daten-Typ %	jung, allein-stehend	junges Paar (unter 45)	junge Eltern (u. 45)	ältere Eltern (45 +)	älteres Paar (ar-beitend)	älteres Paar (65 +)	älter, alleinst. (45 +)
Roh-Daten	17	25	21	31	17	8	7
statis-tisch aufbe-reitet	14	28	19	30	18	10	8

Ebenfalls konnten sie zeigen, dass mit der Größe der Haushalte (d. h. je mehr Kinder vorhanden waren) auch der Prozentsatz der Haushalte zunahm, die eine Katze besitzen. Katzen sind demzufolge nicht als ein Kinderersatz zu betrachten, sondern vielmehr als ein typisches Familientier. Damit will ich aber nicht sagen, dass sie als Gefährten für ältere, allein stehende Personen nicht oder weniger bedeutsam sind; im Gegenteil: Sie sind oft das Wichtigste im Leben dieser Menschen, vor allem dann, wenn keine jüngeren Familienmitglieder in der Nähe wohnen. Wir sollten daher das weitverbreitete Verbot, an sich problemlos zu haltende Heimtiere ins Altersheim mitzunehmen, gründlich überdenken. Aber mehr zu diesem Thema in Kapitel 13.

Vielen Leuten ist es vielleicht noch gar nicht aufgefallen, welch bedeutende Rolle »die Katze« heute in unserem täglichen Leben spielt. Es gibt nicht nur mindestens ein lebendes Tier in jedem 4. (bis 3.!) Haushalt, sondern es ist kaum möglich, einen Spaziergang zu machen, ohne Hauskatzen im Freien anzutreffen, oder eine Autofahrt zu unternehmen, ohne mausende Katzen auf den Feldern zu sichten. Auch Menschen in aller Welt, die selbst keine Katze besitzen, wurden täglich bei der Lektüre ihrer Tageszeitung von »Kater Garfield« unterhalten; er ist nahezu überall bekannt, und wenn wir keiner lebendigen Katze begegnen, grinst jedenfalls er uns vom Fenster des nächsten Autos an.

Auch aus der bildenden Kunst, der Musik und der Literatur sind Katzen nicht wegzudenken. Diese Tiere erscheinen in Kunstwerken von Dürer, da Vinci, Brueghel, Goya, Hogarth, Le Mercier, Boucher, Chardin, Renoir, Manet, Steinlen, Mind, Ronner, Wain, Utamaro, Koryusai, Picasso, und Giacometti – um nur einige zu nennen. Jedes moderne Land hat seine eigenen lokal bekannten Katzenkünstler(-in); einige davon haben internationalen Ruhm erreicht, z. B. Dédé Moser, die sogar in Hongkong kopiert wird! Und wer hat Gioachino Rossinis »Katzenduett« noch nie gehört? Eines der erfolgreichsten Musicals aller Zeiten ist Andrew Lloyd Webbers »CATS«, dem »Old Possums Katzenbuch« von T. S. Eliot zu Grunde liegt. (Ich hatte damals das Glück, die Aufführung dieses Musicals durch die Cameron Makintosh/Really Useful Theatre Company im New London Theatre erleben zu dürfen. Ich ging mit gemischten Gefühlen in die Vorstellung, denn ich befürchtete, es würde kitschig sein und weder T. S. Eliot noch den Katzen Ehre machen. Doch kann ich Ihnen heute nur raten: Falls eine gute Inszenierung der »CATS« in Ihrer Nähe zu sehen ist, so besorgen

Katzen sind heute als Familienmitglieder nicht mehr wegzudenken. Egal ob bei jung oder alt, in der Familie oder bei Alleinstehenden.

Sie sich Karten! T. S. Eliot hat in seinem Werk die verschiedenen Persönlichkeiten unserer Hauskatzen dichterisch korrekt erfasst, und Webbers dazu komponierte Musik charakterisiert ihren jeweiligen Lebensstil perfekt!)

Katzen treten jedoch auch in der älteren klassischen Literatur in Erscheinung. Die Liste von Fabeln und Märchen mit Katzen ist sehr lang. Denken Sie an die Geschichte von Dick Whittington und seiner Katze, an Äsops Fabeln, an Charles Perraults »Der gestiefelte Kater«, an Edward Lears »The Owl and the Pussy Cat« sowie an Lewis Carrolls Cheshirekatze in »Alice im Wunderland«. Weitere berühmte Autoren haben sich ebenfalls von der Katze beeinflussen oder bezaubern lassen, so auch der Franzose Victor Hugo, der Deutsche E.T.A. Hoffmann, der Engländer Geoffrey Chaucer sowie die Amerikaner Edgar Allan Poe und Samuel Clemens, alias Mark Twain.

Heute befindet sich vor allem die westliche Welt in einer regelrechten Welle der »Katzomanie«. Katzenliebhaber finden absolut alles für ihre geliebten Katzen – oft auch nutzlose Sachen; viele kaufen alles, was mit einem Katzenmotiv verziert ist, von der Papierserviette und dem Serviertablett bis zum Geschirr, den Kleidern und der sogar Bettwäsche! In Paris habe ich einen Laden besucht, in dem ausschließlich Katzenartikel für Menschen zu kaufen waren. Und wie bereits erwähnt, sind die Regale in vielen Buchhandlungen mit populären Katzenbüchern der unterschiedlichsten Qualität beinahe überfüllt.

Ja, die Katze hat tatsächlich schon die Welt und insbesondere unsere Herzen erobert. Es ist zu hoffen, dass das Pendel nicht noch einmal so extrem wie im Mittelalter zu Ungunsten der Katze ausschlägt. Doch wird es kaum dazu kommen, wenn wir daran denken, dass es sich bei der Katze nicht nur um einen Gefährten und Begleiter des Menschen, sondern auch um ein Tier mit eigenen Bedürfnissen handelt.

Diese Bedürfnisse können wir nur feststellen und verstehen, wenn wir die Katze zoologisch betrachten, das Thema der nächsten Einheit. Vieles, das wir alltäglich im Verhalten unserer Hausgenossen beobachten, wird auch dabei klar und verständlich.

Katzen, zoologisch betrachtet

3. Körperentwicklung und Körperbau

In diesem und den beiden danach folgenden Kapiteln werden wir unsere Katzen unter zoologischem Aspekt betrachten. Zuerst verfolgen wir ihre normale Körperentwicklung vom embryonalen Zustand bis zur Geschlechtsreife; dann wenden wir uns einigen Merkmalen ihres Körperbaus zu, die für ihr Verhalten eine besondere Rolle spielen. In diesem Kapitel stütze ich mich vor allem auf die Arbeiten von Martin und Bateson sowie die Studien von Deag, Manning und Lawrence.

Die normale Entwicklung

Die hier angegebenen Zeitpunkte und Zeiträume entsprechen den Normen für Hauskatzen (= nicht-reinrassige, domestizierte Katzen, gleich ob sie Auslauf ins Freie haben oder ausschließlich in der Wohnung gehalten werden). Sollte ausgerechnet Ihre Katze eine Ausnahme von der Regel machen, brauchen Sie sich jedoch nicht unbedingt zu beunruhigen, da insbesondere reinrassige Tiere sich oft schneller, manchmal aber auch langsamer als andere entwickeln.

Die Tragzeit der Katze dauert normalerweise etwa 63 Tage; da das Weibchen im Lauf von ein paar Tagen mehrmals von einem (oder mehreren) Männchen begattet wird (siehe Kapitel 6), ist es oft schwierig, den genauen Geburtstermin festzustellen. Schon etwa fünfeinhalb Wochen vor der Geburt wird der Tastsinn des Fötus aktiv. Wie bei den meisten Wirbeltieren entwickelt sich zuerst das Tastsystem, dann das vestibuläre oder Gleichgewichtssystem, später das Hörsystem und zuletzt das visuelle System. Jungkatzen orientieren sich in den ersten zwei Lebenswochen hauptsächlich anhand thermischer Reize (Körperwärme der Mutter), des Tastsinns und an Geruchseindrücken. Obwohl sich ihre Augen in der Regel zwischen dem 7. und 14. Tag öffnen (und sie dann erstmals ihre Mutter sehen), können sie sich bis zur 2. Lebenswoche auch mit Hilfe des Gehörs orientieren. Reaktionen auf Geräusche kann man schon ab dem 5. Tag beobachten. Bis zur 3. Woche ist der Geruchssinn (der seit der Geburt aktiv ist) perfektioniert, gibt es erste Ansätze zur selbstständigen Regulierung der Körpertemperatur, und die Mutter kann optisch lokalisiert werden. Die ersten Gehver-

In diesem Alter sind die kleinen Kätzchen noch ganz auf die Fürsorge ihrer Mutter angewiesen.

suche finden etwa ab der 2., manchmal aber erst in der 3.Woche statt; bis zu dieser Zeit sind die Beinbewegungen eher unbeholfen-rudernd. Nun erst können die Kätzchen ihrer Mutter über kurze Strecken nachfolgen und sich ein wenig vom Nest entfernen, wobei das visuell gesteuerte Aufsetzen der Pfoten und das Umgehen eines Hindernisses erst ab dem 25. bis 35. Tag zu beobachten sind.

Die ersten Zähne brechen zwischen der 2. und 5. Lebenswoche durch, und erste Versuche, feste Nahrung aufzunehmen, erfolgen normalerweise zwischen der 4. und 6. Woche. Bis zur vollendeten 4. Lebenswoche können die Jungkatzen den Körper perfekt aufrichten, und der Hörsinn ist vollständig ausgebildet. Zwischen der 4. und 5. Woche ist ihr Koordinationsvermögen so weit entwickelt, dass sie rennen und erste Fangversuche (mit kleinen Beutetieren, die von der Mutter herbeigeschafft werden) unternehmen können. Die Entwöhnung findet meist zwischen der 4. und 8. Woche statt, obwohl Jungkatzen oft viel länger saugen und die Phase des sozialen Lernens (auch von der Mutter) bis dahin noch nicht abgeschlossen ist.

Der »Stellreflex beim freien Fall« wird im Lauf der 5. und 6. Lebenswoche vollständig ausgebildet; damit ist die Fähigkeit gegeben, den Körper in der Luft umzudrehen und auf allen vier Pfoten zu landen. (Achtung: Obwohl Katzen meistens auf ihren Pfoten »landen«, schließt das Verletzungen nicht aus!) Etwa ab der vollendeten 6. Woche bewegen sich die Jungkatzen in ähnlicher Art wie die erwachsenen Tiere, ab der 7. Woche gleichen auch Thermoregulation und Schlafmuster immer mehr denen der ausgewachsenen Katzen. Die Bewegungskoordination ist bis Ende der 11. Lebenswoche voll entwickelt.

Das durchschnittliche Geburtsgewicht, das natürlich sehr von der Größe des Wurfs abhängt, liegt bei ca. 100 bis 110 Gramm – etwa drei Prozent des späteren Erwachsenengewichts. Aber das Gehirn einer neugeborenen Katze wiegt schon 20% seines Erwachsenengewichts, das mit etwa drei Monaten erreicht wird. Bei kleinen Würfen (unter vier Exemplaren) sind die individuellen Gewichtsunterschiede sehr gering; mit zunehmender Wurfgröße (ab fünf Exemplaren) werden die einzelnen Tiere im Schnitt leichter und die Gewichtsunterschiede größer. Natürlich produziert eine Mutter mit mehr Jungen auch mehr Milch – jedoch nicht proportional. Demnach steht bei großen Würfen weniger Milch pro Jungtier zur Verfügung als bei kleineren Würfen, und die Jungtiere nehmen daher langsamer an Gewicht zu.

Außerdem tendieren leichtgewichtige Muttertiere dazu, leichtere Junge zur Welt zu bringen, während die Jungen schwergewichtiger Mütter meist ebenfalls schwerer sind. Doch bis zur 8. Lebenswoche können die meisten leicht geborenen Tiere ihr Gewicht dem Durchschnitt anpassen. Junge Kater und Katzen sind bis zum Alter von etwa 8 Wochen fast gleich schwer; erst nach diesem Alter (d.h. nach der Entwöhnung) legen die Kater mehr an Gewicht zu als die Katzen.

Zähne gezeigt! – Bei dieser Katze kann man sehr schön das Raubtiergebiss erkennen.

Frühestens mit dreieinhalb Monaten (oft erst später) werden die Milchzähne durch die zweiten Zähne ersetzt. Mit 7 bis 12 Monaten werden die jungen Weibchen geschlechtsreif, die Kater mit 9 bis 12 Monaten – was nicht unbedingt bedeutet, dass sie dann auch gleich Zugang zu frei laufenden Weibchen haben (siehe Kapitel 8).

Katzen wachsen während der ersten 7 Monate ziemlich kontinuierlich (Kater noch etwas länger), danach etwas langsamer, und erreichen ihr Endgewicht mit ca. 12 Monaten; erwachsene Weibchen wiegen durchschnittlich 2,7 Kilogramm, Kater etwa 4,1 Kilogramm. Besonders frei laufende Kater können bis zum 3. Lebensjahr an Körpergewicht zunehmen. Natürlich gibt es Tiere, die entweder auf Grund ihrer (genetisch bedingten) Konstitution oder ihrer (ernährungsbedingten) Kondition leichter oder schwerer sind als der Durchschnitt; aber Hauskatzen sind oft in Folge von Überfütterung, nicht wegen einer längeren Wachstumsphase schwerer!

Besondere Merkmale des Körperbaus der Katze

Katzen sind Fleisch fressende Jäger, und viele Aspekte ihrer Körpermorphologie reflektieren diese Lebensweise. Ihr Kiefer ist relativ kurz und besitzt nur 30 Zähne – 16 oben, 14 unten –, aber alle sind perfekt für den »Tötungsbiss« (siehe Kapitel 9) und das Schneiden von Fleisch geformt. Katzen können nicht richtig kauen; sie benutzen ihre oberen und unteren Backenzähne wie eine Schere, um das Fleisch zu zerkleinern; sie zermalmen es also nicht. Der Kiefer weist auch gut entwickelte Verankerungspunkte für seine starke Muskulatur auf.

Als Jägerin muss die Katze extrem schnell und flexibel sein; ihr Skelett mit seinen 244 Knochen und der mit mehr als 500 Muskeln ausgestattete Körper erlauben äußerst geschmeidige und flinke Bewegungen. Katzen (wie auch Hunde) gehen auf ihren Zehen; diese Fortbewegungsart ist für jagende Tiere besonders vorteil

Das Katzengebiss besteht aus 12 Schneidezähnen, 4 Reißzähnen und 14 Backenzähnen, wobei oben acht und unten sechs Backenzähne vorhanden sind.

haft, da sie große Geschwindigkeit mit Stabilität kombiniert. Zudem gestatten die verhältnismäßig kurzen Schlüsselbeine die freie Bewegung der Schulterblätter und der vorderen Extremitäten. Dies, in Verbindung mit dem schmalen Brustkorb, ermöglicht das präzise Manövrieren zwischen Objekten und die sichere Fortbewegung auf engstem Raum, z. B. auf Baumästen oder einem schmalen Fenstersims.

Obwohl viele Gelenke der Katze auf optimale Bewegungsfreiheit angelegt sind, ist die Geschmeidigkeit dieses Tieres doch größtenteils auf sein extrem flexibles Rückgrat zurückzuführen. Auch Katzen haben die »stoßdämpfenden« Bandscheiben zwischen den Rückenwirbeln; aber die einzelnen Wirbel sind lockerer miteinander verbunden; dies führt insgesamt zu größerer Beweglichkeit. Welche anderen Wirbeltiere können ihren Körper zu ei

Die Katze – Faszination aus Balance und Beweglichkeit. Wer von uns könnte auf diesem kleinen Raum in dieser Höhe in Ruhe seine Fingernägel betrachten?

nem »Katzbuckel« biegen, zu einem Kreis schließen und schlafen oder mit der vorderen und hinteren Hälfte der Wirbelsäule einen Winkel von 180 Grad bilden?

Katzen können bekanntlich ausgezeichnet springen und klettern. Die hintere Partie der Katze ist weniger auf Beweglichkeit ausgelegt; sie ist vielmehr eher eine Art Kraftzentrum für das Rennen und Abspringen. Katzen können mühelos das Fünffache ihrer Körperhöhe erspringen, und zwar ohne vorherigen Anlauf! Das Hinunterspringen fällt ihnen nicht immer so leicht; sie können jedoch Tiefen ausgezeichnet abschätzen. Oft lassen sie den vorderen Teil des Körpers vor dem Absprung vorsichtshalber ein wenig »hinunterkriechen«, oder sie versuchen eine Zwischenlandung bei eher waagrechtem Sprung. Nach einer besonders harten Landung schütteln sie sich und lecken oft ihre Pfoten. Obwohl Katzen sich im freien Fall aufrichten und auf allen Vieren landen können, haben Sprünge aus großer Höhe häufig Beinbrüche oder Bänderrisse zur Folge.

Die Krallen, deren Spitzen nach hinten gerichtet sind, helfen der Katze beim Hinunterklettern kaum, es sei denn, sie dreht sich um und kriecht rückwärts hinunter. Wenn sie einen Baum oder

Holzpfahl hinaufklettert, benutzt sie die Krallen aller vier Pfoten; sie werden dann nach vorne geschoben, während sie im Normalfall automatisch zwischen die Zehen zurückgezogen werden. Ausgefahrene Krallen gestatten schnelle Richtungsänderungen beim Rennen und werden auch bei sozialen Interaktionen und beim Beutefang eingesetzt.

Die Zunge der Katze ist ein fantastisches Werkzeug. Sie ist übersät mit relativ harten, nach hinten (zur Speiseröhre) gerichteten »Ministacheln«, die für das Transportieren und das Bearbeiten des Futters, die Aufnahme von Wasser und die außerordentlich wichtige tägliche Fellpflege sehr nützlich sind. Die Katzenzunge ist für die Schönheitspflege genauso gut geeignet wie eine teure Bürste. Es werden nicht nur lose Haare aus dem Fell entfernt, sondern gleichzeitig wird ein wichtiger Nährstoff aufgenommen – Vitamin D! Die kleinen, mit den Haarwurzeln in Verbindung stehenden Talgdrüsen produzieren eine ölhaltige Substanz, die den Haaren einen gewissen »Feuchtigkeitsschutz« bietet und dem Fell seinen

Wie geleckt! Die Katzenzunge fungiert wie eine kleine Bürste, die das Fell glatt streicht und lose Haare entfernt.

Glanz verleiht. Außerdem enthält dieses Sekret Cholesterol, das durch Sonnenlicht in Vitamin D umgewandelt wird.

Das Fell ist also nicht nur eines der schönsten Attribute der Katze, sondern hat eine enorm wichtige Schutzfunktion für äußere Einflüsse: Es schützt das Tier vor zu großem Wasserverlust, vor Körperverletzungen, vor zu starker Sonneneinstrahlung, vor Wärme und Kälte. Kleine Muskeln können die Haare aufstellen und dadurch die isolierenden Eigenschaften des Fells verändern. Wenn das Tier verängstigt oder aggressiv ist, erweckt der gleiche Vorgang – das Sträuben der Haare – den Anschein eines größeren Körpers. Gerade weil das Fell so

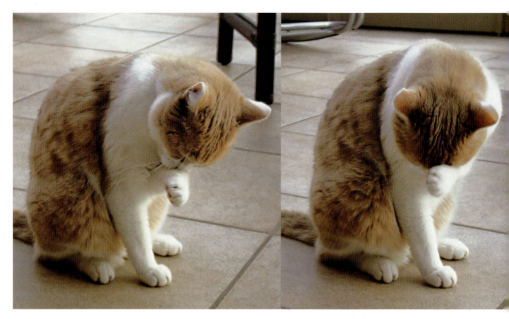

Zeitintensive Fellpflege. Diese Sequenz zeigt die gründliche »Gesichts-wäsche«.

wichtig ist, sollte es uns nicht überraschen, dass die Katze sehr viel Zeit für das Putzen und die Pflege des Haarkleides braucht. Oft ist eines der ersten Anzeichen von Gesundheitsproblemen einer Katze, das wir bemerken, ein »struppiges« oder nicht mehr gepflegtes Fell.

Unter dem Fell der Katze finden sich verschiedene Drüsen. Die reichlich vorhandenen kleinen Talgdrüsen wurden eben erwähnt. Weitere kleine Drüsen befinden sich in der Kinngegend, zwischen den Augen und Ohren und am Ansatz des Schwanzes. Die Düfte der aus ihnen abgesonderten Sekrete sind im Sozialleben der Katze sehr wichtig (siehe Kapitel 5, 8 und 12). Außerdem haben sie an den Pfoten »Schweißdrüsen«, die für die feuchten Fußabdrücke einer Katze an heißen Tagen (oder die Spuren einer verängstigten Katze) verantwortlich sind.

Im nächsten Kapitel, dessen Thema die genetischen Merkmale sind, kommen wir nochmals auf das prachtvolle Fell der Katze zu sprechen, und zwar im Zusammenhang mit der Vererbung von Farben und Mustern. Weitere Aspekte des Körperbaus werden in Kapitel 5 besprochen, wenn wir die scheinbar »übersinnlichen« Fähigkeiten unserer Hauskatzen unter die Lupe nehmen.

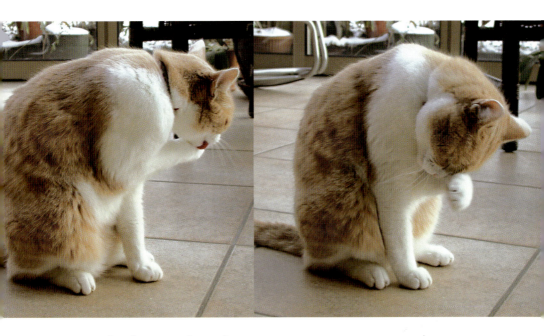

4. Genetische Merkmale

Hier ist sicher nicht der richtige Ort, um einen Grundkurs in Genetik abzuhalten. Ich empfehle Ihnen daher, das Katzenbuch von Rosemarie Wolff zur Hand zu nehmen, in dem die Grundzüge und Grundbegriffe ausgezeichnet dargestellt sind. Auch über die Vererbung von Fellfarben, Fellmuster, Haarlänge und Farbverteilung weiß man heutzutage gut Bescheid; all dies wird in dem Buch von Michael Wright und Sally Walters anhand von wunderschönen Zeichnungen erklärt. An dieser Stelle möchte ich auf einige sehr interessante genetische Merkmale eingehen, die auch häufig Anlass für Fragen sind.

Zwei relativ weit zurückliegende Genmutationen sind in diesem Zusammenhang zu erwähnen: die rezessiven Mutationen für das lange Haar (*l*) und die für das typische Farbmuster des Siamesenfells (*cs*). Die Mutation des dominanten Gens für normale (kurze) Haarlänge (*L*) fand vor über 400 Jahren in Kleinasien statt und kommt bei den »Angora«- und »Van«-Katzen in der Türkei sowie bei den klassischen Perserkatzen deutlich zum Tragen. Schon im 16. Jahrhundert wurden die langhaarigen Katzen, wahrscheinlich von Italien aus, in Frankreich und England eingeführt. Der Umstand, dass nicht alle langhaarigen Katzen die gleichen Felleigenschaften (z. B. Dichte des Unterfells) aufweisen, ist auf andere beteiligte Gene zurückzuführen; man spricht hier von Polygenie. Die sogenannte siamesische Genmutation, die sich nicht nur bei der Siamesenrasse auswirkt, liegt ebenfalls weit zurück; wie schon in Kapitel 2 erwähnt, finden sich Zeichnungen solcher Katzen in den Manuskripten von Ayudha, doch erst einige Zeit später (1793) werden sie in Russland erwähnt. Der Haupteffekt dieser Genmutation besteht in einer Reduktion der Pigmentstoffe in den Haaren und Augen. Die Menge des Pigments, die jeweils produziert wird, hängt von der Temperatur ab – je tiefer die Temperatur, desto mehr Pigment. Da bei der Katze die Ohrmuscheln, das Gesicht, die Pfoten und der Schwanz etwas kühler sind als der Rest des Körpers, wird an diesen Stellen (den »Points«) mehr Pigment produziert; dort wachsen daher dunklere Haare. Junge Siamesen, die in einem kühleren Klima oder in kühleren Jahreszeiten aufwachsen, sind ebenfalls am ganzen Körper etwas dunkler gefärbt.

Die dunkle Färbung bei Siamkatzen ist Körpertemperatur abhängig. Wachsen junge Siamesen in kälterem Klima auf, bilden sich mehr Pigmente an den kühleren Körperpartien wie Ohren, Pfoten und Schwanz.

Eigentlich bestimmen nur relativ wenige Gene (in verschiedenen Kombinationen) die Farben und Eigenschaften des Fells, im Verhältnis zu den vielen Tausenden von Genen, durch die der Bau des Körpers und dessen Funktionieren festgelegt ist. Nur etwa zwölf Genmutationen (in mehreren Kombinationen) sind für die bei Katzen so große Vielfalt der Fellfarben verantwortlich; außerdem kennt man etwa fünf Mutationen, die sich auf die Beschaffenheit des Fells auswirken. Farbe und Beschaffenheit des Fells werden unabhängig voneinander vererbt, so dass man bei allen Fellarten sämtliche Farbvarianten antreffen kann. Natürlich haben die Katzenzüchter ihr Interesse auf diese etwa zwanzig Mutationen konzentriert, die das Aussehen der Katze in erster Linie beeinflussen. Manchmal haben jedoch solche Mutationen auch nachteilige Nebenwirkungen. So ist beispielsweise ein gewisser Prozentsatz der Katzen, die das dominante Gen für weiße Fellfarbe (W) tragen, taub; insbesondere sind blauäugige Tiere betroffen. Die »Siamesenmutation« verursacht »falsche« Nervenverbindungen zwischen den Augen und dem Gehirn; dadurch wird das dreidimensionale Sehvermögen beeinträchtigt. Manche Siamesenkatzen kompensieren diesen Defekt durch Schielen. Andere Mutationen hätten noch verheerendere Auswirkungen, wenn sie nicht schon in der Gebärmutter zum Tod des Embryos führen würden.

Der »Orange«-Mutant (O), der bei rot- und schildpattfarbenen Tieren mitwirkt, ist aus verschiedenen Gründen besonders interessant: Diese Mutation ist gegenüber den normalen Farben dominant; (*o*, der Wildtyp) ist jedoch ein »geschlechtsgebundenes« Gen. Das Chromosomenpaar XY bestimmt das Geschlecht eines Tieres, wie aus der nachstehenden *Abbildung 1* ersichtlich ist.

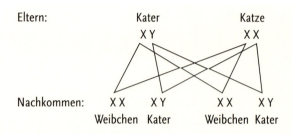

Eltern:

Kater
X Y

Katze
X X

Nachkommen:

X X — Weibchen X Y — Kater   X X — Weibchen X Y — Kater

Das Gen *O* für die rote Farbe liegt auf dem X-Chromosom; Kater können demzufolge normalerweise nur ein *O* tragen, doch dies genügt, um ein rotes Fell zu produzieren. Weibchen müssen jedoch auf beiden X-Chromosomen das *O*-Gen tragen, um ein ganz rotes Fell zu bekommen; falls sie auf dem einen X-Chromosom ein *O* haben und auf dem anderen ein *o*, so ergibt dies die Schildpattfärbung – ein rot, hellrot und schwarz geflecktes Fell. Schildpattfarbene Kater gibt es nur selten, bei einem anomalen Chromosomensatz (XXY), und sie sind fast immer unfruchtbar.

Durch die Analyse der Häufigkeit verschiedener Gene in diversen Katzenpopulationen kann man einiges in Erfahrung bringen. Zum Beispiel wurde auf diese Weise herausgefunden, dass das *O*-Gen in Asien seinen Ursprung hat (es kommt in Indien, Südostasien und Japan besonders häufig vor) und langsam nach Westen vordringt; oder dass die Mutation des normalen (gestreiften) Tabby-Gens (*T*) zu dem gestromten (»blotched«) Tabby (*tb*) wahrscheinlich zur Zeit von Elisabeth I. in England stattfand und sich von dort aus in die überseeischen Kolonien und entlang den Binnenschifffahrtsstraßen, der Seine und der Rhône, in Europa ausbreitete.

Ich höre immer wieder von Personen, die an der Überzeugung festhalten, Katzen einer bestimmten Farbe besäßen bestimmte Persönlichkeitsmerkmale. Obwohl dies nicht auszuschließen ist, gibt es doch wenig Beweise dafür. Es wurde schon postuliert, dass Katzen, die das Allel für *non-agouti* tragen – also normalerweise schwarze Katzen – eventuell in Gegenden mit höherer Katzendichte (z.B. Städte und Vororte) toleranter gegenüber anderen Katzen sind als alle mit dem agouti-Allcl. Eine Untersuchung von 84 britischen Kurzhaarkatzen deutet darauf hin, dass Katzen mit einem orange-, creme- oder schildpattfarbenen Fell häufiger Handling durch fremde Personen ablehnen, als Tiere mit anderen Farben. Forscherkollegen in Frankreich und Italien vermuten, dass rote Kater (mit dem o-Allel) aggressiver sind, währenddessen Tiere mit der *non-agouti* Mutation (meist schwarze Tiere) stärkere soziale Tendenzen gegenüber Artgenossen zeigen. Obwohl ich davon überzeugt war, dass rote (o-)Kater viel initiativer und menschenfreundlicher waren, zeigte meine aufwendige und vorsichtige statistische Auswertung der Persönlichkeits-Beurteilungen von mehr

Die Schildpattfärbung ist an die beiden X-Chromosomen gebunden und tritt nur bei weiblichen Katzen in Erscheinung.

als 1200 Katzen durch ihre Halterinnen und Halter KEINE Unterschiede zwischen den Farben – wenn man andere potenziell mitbeeinflussende Faktoren (wie z. B. Geschlecht und Alter des Tieres, Aufzuchtbedingungen usw.) mitberücksichtigt.

Mit zwei Ausnahmen (siehe Kapitel 14) sind nicht einmal die so oft erwähnten Verhaltensunterschiede zwischen den einzelnen reinen Rassen bis heute wissenschaftlich bestätigt worden! Die Beschreibungen der Charakterzüge einiger Rassen (z. B. der »trägen« Perser und der »dominanten« Siamesen) stimmen jedoch so weitgehend überein, dass sicher ein genetischer Einfluss anzunehmen ist; dies schließt aber die Beteiligung von Umwelteinflüssen keinesfalls aus. Es wäre denkbar, dass die ruhigen Perser von ihren Besitzern von klein auf anders behandelt wurden oder wegen ihres langen (und warmen) Pelzes weniger aktiv sind.

Wir wissen leider sehr wenig über die genetischen Einflüsse auf das Verhalten höherer Säugetiere, zu denen natürlich auch die Katze gehört. Aber wir können uns auf einige Überraschungen gefasst machen, wenn weitere Studien veröffentlicht werden. Wie bereits kurz erwähnt, sorgte vor einiger Zeit eine Entdeckung für ziemlich großes Aufsehen in der Presse: Zusammen mit Kollegen von der Cambridge University in England stellte ich fest, dass die Gene des Katers einen Einfluss auf das haben, was wir bei Jungkatzen als »Freundlichkeit gegenüber Menschen« bezeichnen. Später präzisierte eine Doktorandin dies als einen genetischen Einfluss auf das Erkundungsverhalten der Jungtiere, was natürlich zu schnellerem Kontakt mit Objekten (und Personen) in der Umgebung führt. Dieser »Vatereffekt« stand in beiden damaligen Katzenkolonien – in Zürich wie auch in Cambridge – statistisch einwandfrei fest. Bei den Katzen in Zürich, jedoch nicht bei den Tieren in Cambridge, beobachteten wir im Hinblick auf diese Charaktereigenschaft zudem auch einen »Muttereffekt«; da aber die Jungtiere zusammen mit ihren Mütter aufwuchsen, konnten wir leider nicht mit Sicherheit sagen, ob dieser Effekt genetisch oder durch die Umwelt bedingt war. Sehr wahrscheinlich spielen sowohl das Erbgut als auch die umweltbedingten Erfahrungen einer Jungkatze eine große Rolle bei der Entwicklung ihres Verhaltens und ihrer Persönlichkeit.

Dies ist auch konform mit dem heutigen Denkmodell in der Verhaltensbiologie, welche der »nature-nuture«- (angeboren oder gelernt)-Debatte nicht mehr viel Beachtung schenkt.

5. Sinnesleistungen

Das Verhalten, das wir bei unseren Hauskatzen beobachten, ist oft eine Reaktion auf irgendwelche Umweltreize; solche Stimuli werden mittels eines oder mehrerer Sinnessysteme wahrgenommen. Die Leistungen einiger Sinne der Katzen sind sehr beeindruckend und so außergewöhnlich, dass wir dazu neigen, diesen Tieren »übernatürliche« Fähigkeiten zuzuschreiben; die Leistungen anderer Sinne liegen durchaus im Bereich des für Säugetiere Normalen. In diesem Kapitel wollen wir die Tast-, Gehör-, Seh-, Geruchs- und Geschmackssysteme der Katze näher betrachten. Wir werden sehen, dass sich zumindest einige der erstaunlichen Leistungen dieser Tiere (z. B. ihr »Frühwarnverhalten« vor einem Erdbeben oder einem Bombenangriff) durch den Einsatz ihrer »normalen« Sinne ohne weiteres erklären lassen.

Der Tastsinn

Der Tastsinn, der mindestens fünf Qualitäten – leichter oder schwerer physischer Druck, Wärme, Kälte und Schmerz – erfasst, ist nicht deutlich weiter entwickelt als bei den meisten Karnivoren. Die Kopfgegend und die Pfoten sind jedoch besonders empfindlich.

Die Nervenrezeptoren an der haarlosen Nasenspitze der Katze registrieren Wärme und Kälte (einschließlich der Temperatur ihres Futters). Obwohl die übrige Körperhaut auch Temperaturrezeptoren aufweist, ist die Kopfgegend am empfindlichsten. Wegen der geringeren Sensibilität der übrigen Rezeptoren reagieren Katzen oft zu spät und versengen sich das Fell, wenn sie auf einen für menschliche Begriffe zu heißen Kochherd springen und sich dort sogar hinsetzen. Tastrezeptoren auf der Zunge haben im Zusammenhang mit dem Geschmacks- und Geruchsempfinden eine besondere Bedeutung.

Die Schnurrhaare sind sehr tastempfindlich und helfen der Katze Vibrationen und Luftströme wahrzunehmen. So kann sie sich auch in völliger Dunkelheit sicher fortbewegen.

Die steifen Schnauz- oder Schnurrhaare (Vibrissae) der Katze sind für ihr tägliches Leben enorm wichtig. Sie sind besonders tastempfindlich und werden unter anderem beim Erkunden von Objekten aus der Nähe eingesetzt. Alle Katzen, nicht nur die mit schlechten Augen, brauchen in der Dämmerung und in der Nacht die zusätzliche sensorische Information, die ihre Tasthaare ihnen liefern, um sich auch dann noch geschickt fortbewegen zu können. Die Schnauzhaare sind ebenfalls für Vibrationen und feine Luftströmungen empfänglich. Dies erklärt, weshalb die Katze auch in vollständiger Dunkelheit sicher um Objekte herummanövrieren kann. Sowohl die Schnauzhaare als auch die verlängerten Haare oberhalb der Augen schützen das Tier vor Augenverletzungen, denn diese Tasthaare stoßen zuerst an ein Objekt (z. B. einen Ast) und lösen ein Blinzeln aus. Während sie ein Objekt erkundet, richtet die Katze ihre Schnauzhaare nach vorne; ein bedrohtes Tier legt sie flach am Gesicht entlang zurück. Es ist denkbar, aber nicht erwiesen, dass auch die anderen Artgenossen dies beim Abschätzen der Laune einer Katze mit berücksichtigen.

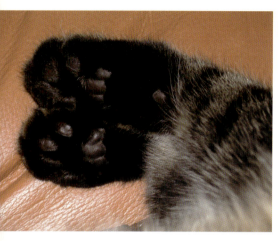

Gut gefühlt ist halb erkannt. Katzen untersuchen unbekannte Objekte immer erst mit ihren Pfoten. Dabei helfen zahlreiche Druckrezeptoren an den unbehaarten Ballen.

Katzenpfoten sind besonders tastempfindlich, vor allem die haarlosen Fußballen. Sie werden eingesetzt, um Oberfläche, Größe und Form eines Objekts zu untersuchen. Zuerst strecken Katzen eine Pfote aus und berühren das Objekt leicht; dann wenden sie mehr Druck an, und schließlich kommt auch ihre Nase ins Spiel. Durch die Rezeptoren an den Fußballen fließen, während sich die Katze bewegt, laufend Informationen über die Körperstellung zum Gehirn. Ob ruhende Katzen tatsächlich mit ihren Pfoten Schwingungen wahrnehmen – also mit ihren Füßen »hören – ist nicht sicher. Allenfalls könnte dies erklären, wie Katzen Erdbeben »voraussagen« können: Meistens gibt es kurz vor einem Hauptbeben viele kleinere, von den Menschen kaum wahrnehmbare Erdstöße; diese werden jedoch von der Katze registriert, und das Tier verlässt beunruhigt und auf Grund seines gesteigerten Aktivitätsniveaus ein Gebäude, in dem es sich vielleicht gerade aufhält.

Der Gehörsinn

Für einen Jäger, der auf kleine, im Gras versteckte, leise piepsende Nagetiere spezialisiert ist, hat das Gehörsystem enorme Bedeutung. Und die Hörfähigkeit der (wenigstens ursprünglich) nachtaktiven Katzen übertrifft nicht nur bei weitem die des Menschen, sondern in mancher Hinsicht auch die des Hundes.

Versuche haben gezeigt, dass Katzen besser zwischen zwei nahe beieinander liegenden Geräuschquellen unterscheiden können als Menschen oder auch Hunde. Ebenfalls können sie die Höhe eines Geräusches über dem Boden und seine Entfernung besser abschätzen als Hunde, deren ausgezeichneter Gehörsinn ja bekannt ist. Katzen können zwei hintereinanderliegende Geräuschquellen unterscheiden und die weiter entfernte Quelle genau lokalisieren und verfolgen. Dies ermöglicht der Katze auch in völliger Dunkelheit erfolgreiche Sprünge nach einer Beute. Beim Lokalisieren der Geräuschquellen spielen auch die relativ großen Ohrmuscheln – sie funktionieren als Geräuschrichter, und werden unabhängig voneinander von über 20 Muskeln bewegt – eine Rolle.

Aber auch die Frequenzempfindlichkeit des Katzenohrs ist um einiges größer als die der Hunde oder des Menschen. Der Mensch hört normalerweise Töne, die etwa zwischen 20 Hertz und 17 bis 20 Kilohertz liegen. Im höheren Frequenzbereich reagieren die meisten Hunde auf 15 bis 35 kHz (physiologisch bis 60 kHz). Katzen hören problemlos Töne zwischen 35 und 65 kHz (physiologisch reagieren sie bis 100 kHz), obwohl ihre Empfindlichkeit für hohe Töne im Alter abnimmt – wie beim Menschen. Sie hören also Töne, die mindestens anderthalb Oktaven höher liegen als die von uns wahrgenommenen. Kann es uns da überraschen, wenn eine Katze »im Voraus« oder mit einem »siebten Sinn« auf einen für Menschen nicht hörbaren akustischen Reiz reagiert? Die größere Empfindlichkeit für hohe Töne erklärt auch zum Teil ihre Reaktionen auf höhere Stimmlagen bei Menschen (also auf Frauen), auf

Jäger in Lauerstellung: Alle Sinne sind auf die Beute gerichtet. Die Ohren fungieren wie Schalltrichter und registrieren jeden Laut.

ein vom Wind verwehtes Blatt, auf knisternde oder kratzende Töne und auf das Piepsen von Mäusen. Im unteren Frequenzbereich haben Mensch und Hund etwa die gleichen Fähigkeiten und hören Töne bis etwa 20 Hz; die Katze reagiert noch bis auf etwa 30 Hz.

Gestochen scharf und wunderschön: Das Katzenauge.

Das Sehvermögen der Katze

Die Augen unserer Hauskatzen und ihr Sehvermögen entsprechen ebenfalls dem, was wir bei einem ursprünglich in der Dämmerung und während der Nacht aktiven Jäger erwarten würden: Die Augen sind im Verhältnis zur Schädelgröße und zu den Augen tagaktiver Tiere recht groß, nach vorne gerichtet und extrem lichtempfindlich.

Jedes Auge deckt einen Sehwinkel von etwa 205 Grad ab. Tiere mit mehr seitlich sitzenden Augen – wie viele Vögel – haben »Rundumsicht« bis zu 360 Grad, was für die Entdeckung eines sich anschleichenden Raubtiers ganz wesentlich ist. Der Räuber selber muss jedoch ein gutes, nach vorne orientiertes Sehvermögen besitzen – wie unsere Katzen.

Die nach vorne gerichteten und nebeneinander liegenden Augen erlauben der Katze das sogenannte »binokulare« Sehen, das plastische Wahrnehmen in drei Dimensionen. Die visuelle Distanzeinschätzung, obwohl nicht so gut entwickelt wie beim Menschen, funktioniert ausgezeichnet, jedenfalls besser als bei vielen anderen Säugetieren. Katzen sehen Objekte in etwa 2 bis 6 Metern Entfernung am schärfsten.

Das Phantastischste an den Katzenaugen ist ihre Lichtempfindlichkeit. Die großen Pupillen lassen etwa 50 % mehr Licht durch als unsere. Die besondere Konstruktion des Auges projiziert ein Bild auf die Netzhaut der Katze, das fünf Mal heller ist als bei uns. Hinter der Netzhaut liegt das *tapetum lucidum*, eine Art Spiegel, der das beim ersten Durchgang nicht absorbierte Licht für eine zweite Aufnahme zurückreflektiert. (Wir alle kennen diesen Spiegeleffekt; denken Sie nur an die im Licht der Autoscheinwerfer »aufleuchtenden« Katzenaugen.) Katzenaugen besitzen, wie unsere auch, beide Sorten der lichtempfindlichen Zellen in der Netzhaut – die Stäbchen und die Zäpfchen; aber die im schwachen Licht empfindlicheren Stäbchen sind in der Überzahl – auf etwa 25 Stäbchen kommt ein Zäpfchen; beim menschliche Auge ist das Verhältnis 4 zu 1. Darüber hinaus sind die Stäbchen so angeordnet und miteinander verbunden, dass sie sich bei einem Lichtreiz gegenseitig stimulieren und ein verstärktes Signal an den Sehnerv weiterleiten. Obwohl auch Katzen in totaler Finsternis nicht sehen können, erkennen sie mit Hilfe und dank der weit geöffneten Pupillen, des *tapetum lucidum* und der vielen Stäbchen immerhin Objekte in sechs Mal schwächerem Licht, als wir es für eine Wahrnehmung benötigen.

Doch hat dieses Nacht-Sehvermögen auch seine Nachteile: Tagsüber funktionieren die vielen Stäbchen nicht optimal, und das Auge muss sich mit der relativ kleinen Zahl der vorhandenen Zäpfchen begnügen, um zu sehen. Obwohl jedes Zäpfchen eine einzelne Nervenzelle aktiviert (was eigentlich im Gehirn ein schärferes Bild ergibt als die miteinander verbundenen Stäbchen), sehen Katzen tagsüber wegen der geringeren Anzahl der Zäpfchen wahrscheinlich weniger scharf als wir. Die Zäpfchen sind ebenfalls für das Farben sehen verantwortlich. Im menschlichen Auge gibt es drei verschiedene Sorten von Zäpfchen; sie absorbieren rotes,

Katzenaugen zum Staunen

grünes und blaues Licht. In Katzenaugen wurden bisher nur auf Grün und Blau empfindliche Zäpfchen entdeckt. Andere Farben werden insofern vermutlich nur als unterschiedliche Grautöne wahrgenommen; doch für ein ursprünglich vorwiegend in der Dämmerung und der Nacht aktives Tier ist ein gutes Farbsehvermögen weniger wichtig.

Es bleibt zu erwähnen, dass die Katze über einige Mechanismen verfügt, die sie vor allzu grellem Licht schützen: Sie kann – im Gegensatz zu den meisten anderen Säugetieren –

ihre Iris (Regenbogenhaut) so weit schließen, dass die Pupillen nur noch als schmale, senkrechte Schlitze erscheinen. Und sie hat ihre dritten Augenlider, helle Membranen, die oft sichtbar sind, wenn das Tier tagsüber döst. Sind sie geschlossen, so ist die Aufnahme optischer Reize reduziert; wenn aber ein Schatten auf sie fällt (er könnte durch Ihre Annäherung verursacht sein), zieht sie die Membranen sofort seitlich zurück.

Bei dieser dösenden Katze kann man die dritten Augenlider sehr schön am Augeninnenrand erkennen.

Der Geruchs- und Geschmackssinn

Wenn vielleicht auch Farben die Welt der Katze nicht so stark prägen wie die des Menschen, so gilt das Umgekehrte für Gerüche und Geschmackswahrnehmungen. Unbekannte Objekte, Artgenossen und Menschen werden im Falle einer Annäherung erst einmal gründlich beschnuppert; an der Nahrung wird zuerst gerochen und dann probiert, bevor die Katze zu fressen beginnt. Gerüche spielen auch in ihrem Sozialleben eine wichtige Rolle, wie wir noch sehen werden.

Wie bei anderen Säugetieren befinden sich auch bei der Katze die Geruchsrezeptoren im Naseninneren, und die meisten Geschmacksrezeptoren sitzen am Rand der Zunge und ganz hinten auf ihrer Oberseite. Die Geruchsrezeptoren werden durch in der Luft schwebende, chemische Moleküle stimuliert, die Geschmacksrezeptoren durch chemische Substanzen, die in Wasser oder Speichel aufgelöst sind. Geruchs- und Geschmackssinn arbeiten eng zusammen. Die Naseninnenseite der Katze ist mit einer Schleimhaut überzogen, die über 200 Millionen geruchsempfindliche Zellen aufweist. Die Oberfläche dieser Schleimhaut ist doppelt so groß wie die des Menschen. Aber Katzen (wie auch einige andere Tiere, nicht aber der Mensch) besitzen ein zusätzliches Organ, dessen Funktion etwa zwischen der Geruchs- und der Geschmacksaufnahme liegt, nämlich das Vomeronasal- oder Jacobson'sche Organ. Es liegt ganz vorne unterhalb der Nase und hat eine kleine Öffnung zur Mundhöhle, hinter den oberen Schneidezähnen. Wenn die Katze mit der Zunge Geruchssubstanzen aus der Luft »fängt« und sie dann gegen den oberen Gaumen drückt, wird dieses Organ stimuliert. Bei Katzen kann man oft das »Flehmen« beobachten – eine Art starres Grinsen mit geöffnetem Maul, manchmal mit zitternder Zunge, währenddessen die mit Molekülen beladene Luft durch die Öffnung dieses Organs »gesaugt« wird. Das Flehmen wird besonders häufig während der Untersuchung von sexuell signifikanten Düften (und von Harnspuren) gezeigt, aber beispielsweise auch, wenn Katzenminze gerochen wird.

Im allgemeinen empfinden Säugetiere 4 Geschmacksqualitäten: süß, salzig, bitter und sauer. Katzen sind in dieser Hinsicht etwas sonderbar: Während sie für Süßes unempfänglich sind, haben sie spezielle Rezeptoren für den Wassergeschmack! Sie vertragen Zucker in ihrer Nahrung schlecht, nehmen ihn jedoch trotzdem auf, weil sie ihn nicht schmecken können. Deshalb bekommen viele Katzen, die erst Milch (mit dem Milchzucker, der Laktose) trinken, nachher Durchfall; auch vertragen sie nur kleine Mengen Frucht- und Rohrzucker in der Nahrung.

Nichts geht an der Nase vorbei

Auch im Dunkeln kann mit Hilfe der Nase genau kontrolliert werden, wer zuletzt seine Duftspuren hinterlassen hat.

Katzen können nichts Süßes schmecken. Dafür besitzen sie Geschmacksrezeptoren, die auf unterschiedliche Proteine reagieren.

Bei Katzen als Fleischfressern würde man eine besondere Geruchs- und Geschmacksempfindlichkeit für Proteine und tierische Fette erwarten. Tatsächlich haben Versuche gezeigt, dass ihre Geschmacksrezeptoren auf stickstoff- und schwefelhaltige Substanzen (die Elemente einiger Aminosäuren, aus denen sich Proteine zusammensetzen) reagieren. Die verschiedenen tierischen Fette werden wahrscheinlich auf Grund ihres Geruchs wahrgenommen; sogar wir können zwischen den Aromen verschiedener Fleischsorten unterscheiden. Allgemein bekannt ist auch die Vorliebe für eine bestimmte Fleischsorte oder Dosenfutter einer bestimmten Marke.

Besondere Sinnesleistungen

Bevor wir das Gebiet der Sinnesleistungen verlassen, möchte ich doch noch einige wirklich bewundernswerte Leistungen unserer Hauskatze erwähnen, die mit ihren »normalen« Sinnesfunktionen zu tun haben. Es handelt sich dabei um das Finden des Heimwegs sowie das Träumen und Lernen im Zusammenhang mit ihrer Hirntätigkeit.

Das Finden des Heimwegs: Wir lesen immer wieder in der Tages-
presse von bemerkenswerten Wanderungen der Hauskatzen,
meistens von einem weit entfernten Ort zurück in ihre ursprüngliche Heimat. Manche Berichte nennen Distanzen von über 1000
Kilometern, doch geht es meist um Entfernungen bis zu 100 Kilometern. Einerseits sind diese Schilderungen nur schwer zu überprüfen und zu bestätigen (erstaunlich viele Katzen sehen genau
gleich aus, und es gibt auch viele streunende Katzen); andererseits
sind solche Berichte sehr zahlreich und enthalten oft genaue Angaben der von der Geschichte überzeugten Halter, so dass auch wir
Wissenschaftler sie ernst nehmen müssen. Mir ist nur ein so ge-
nannter Homing-Versuch mit Katzen bekannt, wie sie mit diversen Wildtierarten, vor allem Vögeln und Kleinsäugern, durchgeführt wurden. Diese norwegische Studie zeigt eine kritische
Distanz von etwa 5 km auf; ab dieser Entfernung senkt die Wahrscheinlich des Heimkehrens rapide ab. Da der Vorfahre der domestizierten Katze ortstreu und territorial war (und ist), bestand
kein evolutionärer Selektionsdruck, diese Fähigkeit speziell auszu-

bilden. Zudem würde man eine
kritische Distanz von dieser
Größenordnung erwarten, gegeben den bekannten Streifge-
bietgrößen der heutigen Hauskatzen. Wir dürfen aber nie
vergessen, dass sogar die normalen Sinne der Katzen oft leis-
tungsfähiger sind als unsere;
wahrscheinlich können diese
Tiere eine Kombination verschiedener sensorischer Reize
(akustische, optische und riech-
bare Eindrücke) ihrer Heimat
und ihres Heimwegs wahrnehmen und als Orientierungshilfe
einsetzen.

Denk- und Lernfähigkeiten:
Ich finde die Diskussionen (oft
sogar Streitigkeiten) über die
relative Intelligenz verschiede-

ner Tierarten unwichtig und uninteressant; solange der Mensch keinen Zugang zu den »Gedanken« der Tiere hat, sind diese Debatten völlig sinnlos. Es gibt aber andere Möglichkeiten, sich an die Gehirnfunktionen heranzutasten. Interessanterweise zeigen (die weder für das Tier noch für den Menschen schmerzhaften) Messungen der Gehirnströme von schlafenden Katzen und von träumenden Menschen so frappierende Ähnlichkeiten, dass die Annahme nahe liegt, dass auch Katzen träumen. Einige Körperbewegungen während ihres Schlafes vermitteln ebenfalls diesen Eindruck. Und das findet man bei nicht allzu vielen Tierarten.

Verhaltensforschern gelang es erst in den letzten Jahren, durch raffiniert geplante Versuche, bei denen verschiedene Aufgaben zu lösen waren, an die kognitiven Fähigkeiten der Tiere, vor allem der Affenarten, heranzukommen. Es ist tatsächlich schwierig, solche Fähigkeiten zweifelsfrei nachzuweisen; jedoch bin ich nicht der Meinung einiger Primatologen, dass sie nur bei den so genannten höheren Affen zu entdecken sind. Ich glaube, dass in der Zukunft Tests entwickelt werden, die den von den anderen Tierarten vermehrt benutzten Sinnen mehr Gewicht verleihen, und dann werden wir eines Tages »plötzlich« feststellen, dass auch diese Tiere kognitive Leistungen erbringen können. Dies geschah vor kurzem für den Haushund: Im Verlauf der Domestizierung wurden nachweislich erhöhte sozialkognitive Fähigkeiten beim Ablesen menschlicher Signale bevorzugt und genetisch verankert. Obwohl die Katze erst später domestiziert wurde, ist dies auch hier nicht auszuschließen.

Auf jeden Fall aber und im Gegensatz zu einer weit verbreiteten Meinung sind Hauskatzen sehr wohl lernfähige Tiere. Klar wirkt auf ein so eigenwilliges Geschöpf die konventionelle Bestrafungsmethode nicht oder kaum. Ein scharfes »Nein«, das konsequent vom neuen Halter eines Jungtieres angewendet wird, kann jedoch Wunder bewirken. Durch positive Verstärkung (z.B. durch Belohnung) kann man aber das Verhalten von Katzen durchaus steuern, sie sogar trainieren. Ich erinnere mich an eine ausgezeichnete Dressurvorführung mit Hunden und Katzen im San Diego Wild Animal Park, Kalifornien, die demonstrierte, dass Hauskatzen so ziemlich alles lernen können, was Hunde lernen, und dazu noch mehr. Das Erfreuliche an dieser Show war, dass sie auf den natürlichen Verhaltensmustern der beiden Tierarten aufbaute und die

Tiere nicht vermenschlichte (z. B. mit Kleidern). Eine Katze, die lernt, sich auf einem Hochseil fortzubewegen, ist nicht allzu weit entfernt von einer Katze, die sich auf dünnen Baumästen bewegt!

In Tests, die ein Lernen durch Versuch und Irrtum (die »Trial and Error«-Methode) verlangen, erzielen unsere Hauskatzen relativ niedrige Noten; da die eigenwilligen Katzen für solche Aufgaben schwer zu motivieren sind, sollte das nicht weiter überraschen. Wenn es sich jedoch darum handelt, durch Beobachtung zu lernen, sind sie ganz ausgezeichnete Schüler. Meistens müssen sie nur einmal (oder wenig öfter) zuschauen, wie z. B. ein Artgenosse eine Klappe öffnet, und schon begreifen sie und führen die Handlung selber aus.

Jungkatzen müssen in ihren ersten Lebensmonaten vieles lernen, was in den Kapiteln 7 und 8 geschildert wird; aber zunächst müssen sie auf die Welt kommen – das Thema des folgenden Kapitels.

Katzen, ethologisch betrachtet

6. Paarung und Trächtigkeit

Wie schon im Zusammenhang mit der Körperentwicklung der Katze erwähnt, werden sowohl Katzen als auch Kater im Verlauf ihres ersten Lebensjahres geschlechtsreif. Frei laufende Kater beteiligen sich jedoch in der Regel erst im Alter von drei oder vier Jahren aktiv an der Fortpflanzung des Bestandes (siehe auch Kapitel 8), obwohl sie schon früher zeugungsfähig sind und an den »Paarungsspielen« durchaus teilnehmen.

Mit dem 7., spätestens jedoch dem 12. Lebensmonat wird das Weibchen erstmals »rollig«; danach zeigt es einen Zyklus von etwa drei Wochen Dauer, falls es nicht schon vom Kater gedeckt wurde. Während des Östrus, der bis zu zehn Tage dauernden Phase ihrer Paarungsbereitschaft, wirkt das weibliche Tier unruhig, es frisst manchmal weniger, harnt häufiger und gibt monotone Rufe von sich. Oft zeigt es auch vermehrtes »Kopfreiben« an verschiedenen Objekten und dem Besitzer, dazu auch den so genannten Milchtritt (das rhythmische Treten mit den Vorderpfoten auf einer weichen Oberfläche). Die Paarungsbereitschaft kann man testen, indem man mit der Hand leicht über ihrer Hüfte auf den Rücken der Katze drückt. Wenn sie rollig ist, geht sie sofort in die so genannte »Lordosis-Stellung« über – der Bauch ist auf den Boden gedrückt, die Genitalien werden nach hinten präsentiert, wobei die Hüfte nach oben gerollt und der Schwanz zur Seite gelegt wird. Oft genügt es, ihren Rücken zu streicheln, um diese Stellung und das »Rollen« auf dem Boden auszulösen. Etwa während der zweiten Hälfte ihres Zyklus – der Anöstrus-Phase – ist sie nicht paarungswillig; dann bereitet sich ihr Körper für den nächsten Östrus vor.

Normalerweise werden Katzen zwei Mal im Jahr rollig: zwischen dem Spätwinter und dem beginnenden Frühling, dann wieder zwischen dem Frühlingsende und dem Frühsommer. Wenn sie nicht von einem Kater gedeckt wurde oder aus irgendeinem Grund einen Wurf verliert, kann sie mehrere Male hintereinander rollig werden (manch-

Die Katze zeigt mit der »Lordosis-Stellung« ihre Paarungsbereitschaft an.

mal auch ohne ersichtlichen Grund) und ohne weiteres einen dritten Wurf im Jahr zur Welt bringen! Die Tageslänge steuert ihre Rolligkeitsphasen; eine Katze, die in einer Wohnung bei regelmäßig 12 bis 14 Stunden Licht pro Tag gehalten wird, kann zu allen Jahreszeiten rollig werden und Junge zur Welt bringen.

Falls Kater ebenfalls einen jährlichen Zyklus haben, ist er wesentlich weniger ausgeprägt als bei den Weibchen. Wahrscheinlich genügen die sexuell stimulierenden Düfte und/oder das rollige Verhalten eines Weibchens, um ihn »in Stimmung« zu bringen. Er – und mit ihm das Ensemble seiner Kollegen – antwortet auf ihre Rufe mit dem berühmt-berüchtigten Katergesang, der sie noch mehr reizt.

Frei laufende Kater und Katzen (z. B. auf einem Bauernhof lebende) können auf verschiedenen Wegen zueinander finden. Grundsätzlich sind alle Katzen, männliche wie weibliche, am Duft des Harns interessiert – insbesondere aber die Kater am Urin der rolligen Weibchen. Die Kater eines Gebiets kontrollieren regelmä-

Will sie oder will sie nicht? – Mit einer Geruchsprobe überprüft der Kater den Östruszustand des Weibchens.

ßig den Östruszustand der dort lebenden Weibchen: Sie statten ihnen auf den verschiedenen Höfen ihre Besuche ab, wobei sie ihren Harn und die Hinterpartien beschnuppern. Ich habe auch schon beobachtet, dass sich eine rollige Katze ihren Partner »auswärts« suchte; doch ist das eher eine Ausnahme.

Es kommt jedoch nicht selten vor, dass mehrere erwachsene Kater gleichzeitig um die Aufmerksamkeit eines rolligen Weibchens werben; es ist sogar oft der Fall, dass mehrere Kater sich nacheinander mit dem gleichen Weibchen paaren. Wir müssen hier allerdings sorgfältig beobachten und vorsichtig interpretieren, da verschiedene Erklärungen möglich sind: Einerseits ist es bekannt, dass Katzen einen induzierten Eisprung haben; das bedeutet, dass sich das Weibchen mehrmals nacheinander (in einem Zeitraum von durchschnittlich etwa zwei bis vier Tagen) mit einem oder mehreren Katern paaren muss, damit der Eisprung erfolgt. Andererseits sind nicht alle Paarungen »echt«, denn es ist nicht nur ein bloßes »Aufreiten« mit Hüftstoßbewegungen des Katers erforderlich, sondern eine Intromission in Verbindung mit einer Ejakulation. Trotzdem wurden mehrmals echte Paarungen mit mehreren Katern nacheinander beobachtet. Der Eisprung erfolgt 24 bis 36 Stunden nach der Paarung (oder den Paarungen); normalerweise werden danach drei bis sechs Eier befruchtet. Falls die Samen von mehreren Katern vorhanden sind, ist es durchaus möglich, dass die Jungtiere eines Wurfs verschiedene Väter haben.

Natoli und De Vito haben die wohl intensivsten Untersuchungen über multiple Paarungen durchgeführt, und zwar an einem sehr dichten Katzenbestand in Rom. Mehrfachpaarungen kommen aber auch bei den eher normalen Katzendichten vor, die man im Bereich von Bauernhöfen antrifft. In der Regel (und im Gegensatz zur weitverbreiteten Meinung) sind Aggressionen zwischen den Katern, die gleichzeitig das Weibchen umwerben, relativ selten,

denn ihre Aufmerksamkeit ist ganz auf die Katze konzentriert, nicht auf die Konkurrenten. Es ist aber denkbar, dass viele der Konkurrenten jüngere Kater sind, die von einem dominanten Männchen toleriert werden und dem Weibchen durch ihre »Vorspiele« zum Eisprung verhelfen; dann könnte der »breeder-class«-Kater – ein mindestens drei- bis vierjähriger Kater – im richtigen Moment das Weibchen decken. Die Ergebnisse einer Studie deuten darauf

Nach der Paarung sollte er schleunigst das Weite suchen, sonst wird sie ziemlich ungemütlich.

hin, dass sich in der Hauptsache jeweils nur ein »breeder-class«-Kater, der seine Rivalen verjagt, in der Nähe des Weibchens befindet; das wurde bei einer relativ geringen Katzendichte beobachtet. Bei größeren Katzenbeständen hätte ein Weibchen, das sich von mehreren Katern echt decken lässt, zumindest theoretische Vorteile. Ebenfalls ist es denkbar, dass die Konkurrenz zwischen Katern auf einer subtileren Ebene doch noch stattfindet, nämlich zwischen deren Spermien (Natoli und De Vito und Liberg *et al.*).

Bei den Katzen, wie auch bei den meisten anderen Säugetieren, herrscht das Prinzip der »Damenwahl« vor. Trotzdem mehrere Kater wiederholte Annäherungsversuche unternehmen, ihre Genitalgegend beschnuppern (oft mit Flehmen) und Laute von sich geben, lädt das Weibchen einen Kater erst dann durch die Lordosis-Stellung ein, wenn sie bereit ist. Wenn ein Kater zu früh »aufs Ganze geht«, riskiert er eine vehemente Abwehrreaktion. Auf Einladung der Katze reitet er auf, fasst eine behaarte Hautfalte ihres Nackens mit dem Maul (was sie, in einer Reflexreaktion, während der Paarung automatisch bewegungslos macht), stellt seine Vorderpfoten auf ihre Seiten und sucht mit seinem Glied ihre Genitalöffnung. Eine Paarung mit Intromission dauert nur einige Sekunden. Unmittelbar nach der Ejakulation schreit das Weibchen fürchterlich – das Glied des Katers ist mit kleinen »Stacheln« besetzt, die das Weibchen (und möglicherweise die Ovulation) intensiv stimulieren. Meistens dreht sich das Weibchen sofort um und beginnt intensiv auf dem Boden zu rollen und ihre Genitalgegend zu lecken; oft faucht sie den Kater an oder verpasst ihm einen Pfotenhieb, wenn er sich nicht sofort zurückzieht.

Die Trächtigkeit dauert bei Hauskatzen etwa 63 Tage. Das erste Anzeichen für eine erfolgreiche Befruchtung ist meistens eine Rötung der Zitzen (begleitet von einem Rückgang der Haare rings um die Zitzen) etwa drei Wochen nach der Paarung. Zwischen der 4. und 5. Woche kann die erfahrene Hand den walnussgroßen Fötus erspüren (am besten überlassen Sie das jedoch dem Tierarzt), danach ist es wegen seiner länglich werdenden Form wieder schwieriger. Im Verlauf ihrer Trächtigkeit nehmen Katzen im Durchschnitt etwa ein bis anderthalb Kilogramm zu, je nach der Zahl der Föten, die sie tragen. Ihr Verhalten ändert sich bis zu einem Zeitpunkt von etwa ein oder zwei Wochen vor der Geburt der Jungen kaum (sie sollten auch genauso behandelt werden wie vor ihrer Trächtigkeit). Dann werden die zukünftigen Mütter allerdings etwas unruhiger und fangen mit der Suche nach einem geeigneten Nestplatz an; meistens wählen sie einen störungsfreien, etwas dunklen Ort ohne Zugluft. Eine weiche Oberfläche (Heu in einer Scheune, ein altes Tuch irgendwo in einem Winkel des Hauses) wird oft bevorzugt. Dass das vielleicht vom Halter sorgfältig vorbereitete Nest so häufig unbenutzt bleibt, zeigt wieder einmal die Eigenwilligkeit dieser Tiere (spricht aber auch manchmal für die Unwissenheit der Halter hinsichtlich der eigentlichen Bedürfnisse der Katzen).

Die Wehen können schon am 61. Tag, aber auch erst am 70. Tag einsetzen; eine gewisse Verzögerung sollte den Halter also nicht beunruhigen, solange es keine anderen Anhaltspunkte für Probleme gibt. Die Anzeichen für eine bevorstehende Geburt sind das Absinken der Körpertemperatur um ein Grad (normal ist eine Temperatur von 38.6° C) bis zu 18 Stunden vor der Geburt, der Beginn der Milchproduktion sowie, unmittelbar davor, eine erhöhte Atemfrequenz (oft atmet das Tier dann durchs Maul). Manche Hauskatzen wollen während der Geburt vollständig allein sein; diesen Wunsch sollten wir respektieren. Andere wiederum lassen ihrem Halter keine Ruhe, bis er neben ihr sitzt. Die ersten Wehen folgen in Abständen von etwa einer Stunde, dann steigern sie sich bis auf etwa alle 30 Sekunden kurz vor der Geburt. Die Katze leckt auch oft zwischendurch ihr Hinterteil. Sobald das erste Jungtier zur Welt gekommen ist, dreht sich die Mutter um, leckt und öffnet den schützenden Sack mit ihrer Zunge und säubert ihr Kind; das intensive Lecken stimuliert die ersten Atemzüge des Neugeborenen. Dann beißt sie die Nabelschnur mit den Zähnen durch. Meistens wird mit der nächsten Wehe die Nachgeburt ausgestoßen, die von der Mutter gefressen wird; dies ist bei den meisten Säugetieren der Fall, denn früher hätte die Nachgeburt Raubtiere anziehen können. Das Zeitintervall zwischen den Geburten der Wurfgenossen ist variabel: Manchmal kommen die Jungtiere im Abstand von Viertelstunden zur Welt, mitunter liegen auch ein oder zwei Stunden dazwischen. In seltenen Fällen kann es bis zu 24 Stunden dauern, bis das letzte Jungtier geboren ist. Zwischenzeitlich leckt und säugt die Mutter die erstgeborenen Nachkommen, denen sie auch hilft, den Weg zu ihren Zitzen zu finden. Es gibt kaum Unterschiede im Verhalten erstgebärender und erfahrener Mütter; die letzteren sind zwischen den einzelnen Geburten etwas ruhiger, und das Belecken der Bauch- und Genitalgegend ihrer Jungen erfolgt zielgerichteter.

Wenn alles vorbei ist, reinigen die meisten Mütter gründlich ihr Fell, ohne jedoch ihre Kinder allzu lange zu vernachlässigen. Und eine für menschliche Augen und Gefühle wunderbare Phase – die der Mutter-Kind-Beziehung – beginnt.

7. Die ersten sechs Monate

Bei Hauskatzen ist es Sache der Mutter, die Jungen aufzuziehen; nach der Paarung hat der Kater in der Regel nichts mehr mit seinen Nachkommen zu tun.

Während der ersten zwei Tage verlässt das Muttertier ihre Jungen kaum oder nur für ganz kurze Zeit. Die Kleinen sind, was ihren Schutz – auch vor anderen Katzen oder Katern –, die Nahrung und die Körperwärme anbelangt, von ihrer Mutter total abhängig. Sie lässt die Kätzchen saugen, wählt ihre eigene Körperstellung so, dass ihnen ihr Gesäuge zugänglich ist, und hilft ihnen mit sanften Stößen der Nase, an ihre Zitzen zu gelangen. Katzen haben acht Zitzen, wobei das vorderste Paar oft keine Milch produziert. An sich reicht diese Anzahl für die vier bis fünf Jungen eines durch-

Wärme, Milch und sehr viel Schlaf. Das ist fast alles, was die Kätzchen in den ersten beiden Wochen brauchen.

schnittlichen Wurfes aus; jedoch ist anzunehmen, dass nicht alle Zitzen gleich viel Milch produzieren. Die hintersten Zitzen werden von Neugeborenen wegen ihrer leichteren Zugänglichkeit und auch wegen der vermehrten Stimulation und Milchproduktion bevorzugt. Manche Jungtiere entwickeln relativ bald eine Vorliebe für eine bestimmte Zitze, was eventuell die Energiekosten für einen »Konkurrenzkampf« bezüglich Muttermilch reduziert; andere saugen gerne an allen, und oft kommt es bei Mahlzeiten zu Drängeleien. Anfänglich saugen die Jungen bis zu 8 Stunden am Tag, und sie schlafen sehr viel; gelegentlich werden sie jedoch von der Mutter durch energisches Lecken geweckt; das Lecken ihres Afters stimuliert außerdem das normale Harnen und Koten. Während der ersten drei Wochen gehen alle Initiativen für das Säugen von der Mutter aus. Oft hört man »Kontaktlaute«; die Mutter schnurrt während des Säugens, und die Jungen stimulieren den Milchfluss mit dem Milchtritt, dem rhythmischen Trampeln mit ihren Vorderpfoten, am Bauch der Mutter.

Nach und nach verlässt die Mutter das Nest für kürzere Zeitspannen, um selber zu fressen oder eine Maus zu fangen; aber sie verbringt fast ihre ganze Zeit mit den Jungen, bis diese etwa vier bis fünf Wochen alt sind.

Wenn die Mutter zu oft gestört wird, kann es ohne weiteres dazu kommen, dass sie (auch mehrmals) einen neuen Platz für ihr Nest sucht. Dann packt sie die Jungtiere, eines nach dem anderen, am Genick und trägt sie im Maul zum neuen Nest. Die Jungen hören von selbst auf, sich während des »Umzugs« zu bewegen – sie könnten sich sonst verletzen –, und zwar aufgrund der gleichen Reflexreaktion, die später bei der Paarung zu beobachten ist.

Wie wir in Kapitel 3 gesehen haben, ist bei den Neugeborenen das Orientierungsvermögen noch nicht voll ausgebildet. Es kann geschehen, dass sich ein Junges aus dem Nest entfernt (oder entfernt wird, wenn die Mutter plötzlich das Nest verlässt und es sich weiter an die Zitze klammert); es kann in den ersten Lebenstagen nur aus einer Entfernung von etwa 50 Zentimetern wieder zurückfinden; ist es weiter entfernt, kann es die Mutter nur durch sein Schreien auf die Situation aufmerksam machen.

Im Lauf ihrer dritten Lebenswoche werden die meisten Jungkatzen mobiler und die kleinen Kätzchen unternehmen kürzere Ausflüge aus dem Nest; die Mahlzeiten werden sowohl von der Mutter als auch den Jungen initiiert. Nun beginnen sie auch, mit ihren Wurfgenossen und der Mutter »soziale« Spiele zu spielen; das auf Objekte bezogene Spiel entwickelt sich erst später.

Ab der dritten Woche werden die Kleinen unternehmungslustig. Kleine Ausflüge und soziale Spiele mit den Wurfgeschwistern oder der Mutter stehen auf der Tagesordnung.

Verschiedene Faktoren, die meine Kollegen Deag, Manning und Lawrence eingehend untersucht haben, beeinflussen die Beziehung zwischen der Mutter und den Jungkatzen und den Zeitpunkt der Entwöhnung; zu nennen sind hier das Alter und das Geschlecht des Jungtieres, die Wurfgröße, die körperliche Verfassung der Mutter und die Menge der von ihr angebotenen Nahrung. Es liegt auf der Hand, dass das Muttertier irgendwann nicht mehr genügend Milch produzieren kann, um damit allein den Hunger ihrer Jungen zu stillen. Von etwa dem 30. Lebenstag der Kleinen an initiiert die Mutter das Säugen daher kaum mehr, obwohl sie immer wieder versuchen, an die Zitzen zu gelangen. Etwa zur gleichen Zeit fangen die meisten frei laufenden Katzenmütter an, den Jungen selbst gefangene und eben getötete Beutetiere nach Hause zu bringen; wenig später schaffen sie auch lebende Mäuse herbei.

Nun beginnt eine faszinierende Phase der Mutter-Kind-Beziehung. Mein vor ein paar Jahren verstorbener Kollege Paul Leyhausen konnte nachweisen, dass viele der Verhaltensmuster, die für das Fangen und Töten von Beutetieren erforderlich sind, angeboren, also schon beim Jungtier zu beobachten sind; um jedoch die Motivationsschwelle für den Tötungsbiss zu erreichen, brauchen die Kätzchen manchmal etwas Hilfe seitens der Mutter: Sie bringt ihnen die lebende Maus, ruft sie, lässt die Maus frei und veranstaltet eine Art Wettbewerb mit ihnen, um die Maus wieder einzufangen. In diesem erregten Zustand, der durch die Konkurrenzsituation herbeigeführt wird, setzt ein Jungtier schließlich diesen äußerst wirkungsvollen und schnell tötenden Biss. Obwohl spätere Studien gezeigt haben, dass die Mitwirkung der Mutter für das Erwerben dieser Fähigkeit nicht unerlässlich ist, töten Jungkatzen ihre erste Beute in ihrer Anwesenheit schneller. Und Tim Caros

Jagen – Fangen – Töten. Damit die Katzenkinder fürs Leben lernen können, schleppt die Mutter lebendige Mäuse an.

Untersuchungen legen den Schluss nahe, dass die Mutter die Aufmerksamkeit ihrer Jungen aktiv auf das Beutetier lenkt. Dies ist ein erster Schritt in Richtung eines aktiven »Lehrens« – einer Fähigkeit, die bisher (von Primatologen) ausschließlich den Primaten zugestanden worden war.

Die Entwöhnung, die etwa in der 4. Lebenswoche begonnen hat (es ist nicht von Bedeutung, ob dabei Mäuse oder von Menschen verabreichte Nahrung im Spiel waren), ist in der Regel bis zur 8. Woche abgeschlossen; die Jungen sind dann fähig, allein von fester Nahrung zu leben. Das bedeutet jedoch noch lange nicht, dass man sie schon mit acht Wochen von der Mutter wegnehmen kann oder soll (siehe Kapitel 12). Die Kätzchen haben noch vieles zu lernen, und einen Teil all dessen lernen sie wahrscheinlich dank ihres Spielverhaltens.

Dies ist allerdings sehr schwer nachzuweisen. Es gibt verschiedene Theorien über die Funktion(en) des Spielens; die meisten Autoren gehen von der Annahme aus, es handle sich dabei um eine Art »Üben für das spätere Leben«. Es ist nun aber viel leichter, sich vorzustellen, dass beispielsweise das Spielen mit Objekten eine Jungkatze auf die späteren Beutefangaktivitäten vorbereitet, als diese Vermutung auch zu beweisen. Der Begriff »Spielen« ist ebenfalls schwierig zu definieren (versuchen Sie es doch selbst einmal); dieses Tun setzt sich aus verschiedenen Verhaltenselementen und -mustern zusammen (oft in ungewöhnlichen Kombinationen) und vollzieht sich in den unterschiedlichsten Situationen.

Die Forschungsgruppe um Patrick Bateson an der Cambridge University hat die gründlichsten Untersuchungen über das Spielverhalten der Katze durchgeführt und ist zu sehr aufschlussreichen Ergebnissen gekommen. Wie erwähnt, entwickelt sich bei Jungkatzen zuerst das »soziale« Spielen. Mit den Wurfgenossen und der Mutter kann ein Jungtier sich – und natürlich ohne es zu wissen, auch einen Beobachter – stundenlang unterhalten. Bateson konnte zeigen, dass etwa um den 50. Lebenstag herum, also etwa gleichzeitig mit der Entwöhnung, eine Reorganisation des Spielverhaltens stattfindet; die Häufigkeit des sozialen Spielens nimmt ab, die des Spielens mit Objekten hingegen zu. Gewisse Verhaltenselemente, die zuerst im sozialen Spiel gezeigt wurden, geraten immer mehr unter den Einfluss der Jagdmotivation; andere Elemente gehen in den Bereich des agonistischen Verhaltens über. Vielleicht entgegen unseren Erwartungen beeinflusst das frühe soziale Spielen das Jagdverhalten des erwachsenen Tieres stärker als das später auftretende Spiel mit Objekten. Wenn man aber bedenkt, dass solche Verhaltenselemente wie das Sich-zum-Sprung-Aufrichten, das Anschleichen und auch das Zupacken ebenfalls in sozialen Interaktionen vorkommen, wird diese Feststellung jedoch verständlich. Geschlechtsspezifische Unterschiede im Spielverhalten fallen kaum ins Gewicht: Junge Kater stellen zwischen der 8. und 12. Lebenswoche häufiger »Objektkontakte« her als junge Weibchen, aber der Unterschied ist geringer, wenn die jungen Weibchen auch männliche Wurfgenossen haben. Beim Sozialspiel gibt es bis zur 12. Lebenswoche noch keine Unterschiede, sie treten erst zwischen der 12. und 16. Woche auf, wenn die Häufigkeit des Sozialspiels schon stark reduziert ist. Dann zeigen Weibchen, die mit jungen Männchen spielen, ein »maskulineres« Spielverhalten.

Obwohl die Jungtiere während der ersten Monate sehr oft spielen, gibt es in ihrem Leben natürlich auch anderes. Sie sind äußerst neugierig und untersuchen jede Ecke ihres Heims. Sie schlafen viel (besonders an heißen Sommertagen oder nach anstrengenden Spielen mit Kameraden), und sie wachsen

Spiel unter Aufsicht: Katzenkinder lernen durch Spiel und gegenseitige Attacken wichtige Verhaltensregeln für das spätere Zusammenleben.

noch: Das bedeutet, dass ihr Nahrungsbedarf stetig zunimmt. Obwohl die Mutter Beute nach Hause trägt, sooft sie kann, fangen die Kätzchen allmählich selber an, Beute zu fangen: Zuerst in der näheren Umgebung – im eigenen Garten (Fliegen, Heuschrecken und Schmetterlinge betrachten sie ebenfalls als Beute) oder in der eigenen Scheune, wo sie häufig Mäuse finden; später entfernen sie sich immer weiter von ihrem »Primärheim« und unternehmen Streifzüge auf dem umliegenden Gelände. Wenn man eine halbwüchsige Katze auf solchen Entdeckungsausflügen verfolgt, wie meine damalige wissenschaftliche Mitarbeiterin Claudia Mertens und ich es über Wochen hinweg getan haben, kann man praktisch zusehen, wie sie ihr Streifgebiet mit zunehmendem Alter ausdehnt. Solche »Exkursionen« führen auch zu Begegnungen mit anderen Artgenossen und spielen daher bei der Integration des Tieres in die jeweilige Katzengesellschaft eine wesentliche Rolle. Dies ist das Thema des nächsten Kapitels.

8. Integration in die Katzengesellschaft

Die heranwachsenden, subadulten Katzen und Kater müssen sich sowohl sozial als auch räumlich in die lokale Katzengesellschaft integrieren. Viele unserer heutigen Katzen sind »sozialer« als ihre Vorfahren es waren und als man im allgemeinen annimmt. In diesem Kapitel wollen wir ihr soziales Verhalten und ihre soziale Raumorganisation betrachten, ausgehend von meinen eigenen Beobachtungen und den detaillierten Angaben von Macdonald und seinen ForschungskollegInnen sowie von Liberg und seinen MitautorInnen.

Die soziale Integration in eine bereits etablierte Katzengesellschaft ist nicht einfach, denn höchstwahrscheinlich gibt es stärkere Tiere, möglicherweise auch schwächere Artgenossen. Damit es nicht immer zu gefährlichen Kämpfen und Kraftproben kommen muss, setzen viele Tierarten Drohgebärden und Beschwichtigungssignale ein. Paul Leyhausen hat schon vor Jahren die Grundelemente der Körpersprache der Katze erläutert und beschrieb drei beobachtete Basismuster:

Zwei, die sich gut verstehen.

▶ Die »offensive Drohung«, die zu einem Angriff führt – eine langsame, steifbeinige, direkte Annäherung an den Gegner; der Blick ist immer auf ihn gerichtet, die Pupillen sind eher normal, die Ohren aufgestellt, und der Schwanz hängt herab; der eigentliche Angriff erfolgt mit den Zähnen (Beißen).

▶ Die »Verteidigungsstellung«, Ausdruck der Bereitschaft, sich im Falle eines Angriffs zu verteidigen – der Körper ist auf den Boden geduckt, der Kopf gegen die Schultern zurückgezogen; die Ohren liegen flach am Kopf an, und die Pupillen sind vergrößert. Zur Verteidigung werden die Pfoten eingesetzt. (Falls ein Angriff erfolgt, wird der Körper von vorne nach hinten auf dem Boden gerollt und gleichzeitig mit den Vorderpfoten geschlagen; deshalb gilt dies nicht als eine Gebärde der Unterwürfigkeit, wie wir sie bei den Hunden finden.)

▸ Eine »Mischhaltung«, die sich aus Elementen des offensiven Drohens und der Verteidigung zusammensetzt und zu dem charakteristischen »Katzenbuckel« führt. Hier halten sich die Motivation für Angriff und Verteidigung die Waage. Es kommt aber zwischen Katzen relativ selten zu richtigen Kämpfen, einerseits wahrscheinlich deswegen, weil die Tiere sich (und möglicherweise auch ihre Rangordnung) meistens schon kennen, und andererseits wegen ihres später zu beschreibenden räumlichen Organisationsmusters, das Begegnungen zwischen fremden Tieren auf ein Minimum beschränkt.

Je nach dem sozialen Milieu, in dem eine Jungkatze aufwächst, wird aus ihr eher ein »soziales« Tier oder ein »Einzelgänger«. Jungkatzen, die relativ lange mit Wurfgenossen zusammenbleiben oder z. B. auf einem Bauernhof zusammen mit mehreren älteren Katzen aufwachsen, die sich den Jungtieren gegenüber freundlich verhalten, zeigen ihren Artgenossen gegenüber eine positive soziale Einstellung. Umgekehrt sind Jungkatzen, die praktisch allein aufwachsen oder immer wieder negative Erfahrungen mit einigen wenigen älteren Katzen machen, als Erwachsene eher Einzelgänger. Heutzutage wachsen sehr viele Jungkatzen »sozial« auf (wie wir noch sehen werden), was für ihre spätere Haltung bei einem neuen Besitzer durchaus Konsequenzen hat (siehe Kapitel 15).

Auf Bauernhöfen, die in der Regel mehrere Katzen beherbergen, trifft man nun meist sehr viele Jungkatzen an. Die typische soziale Raumorganisation von Bauernhofkatzen kann man folgendermaßen beschreiben: Die erwachsenen Weibchen eines Hofes benutzen das mehr oder weniger gleiche Gebiet; ihre einzelnen »Home-Ranges« (Streifgebiete) überlappen sehr stark, doch nicht mit den Ranges von Weibchen eines benachbarten Hofes, deren Streifgebiete sich allerdings untereinander wieder räumlich stark überschneiden. Die Streifgebiete erwachsener Kater sind im Durchschnitt etwa 3 bis 3,5 Mal größer als diejenigen der Weibchen. Ist menschliche Fürsorge gegeben, wird also für Futter und Unterschlupfmöglichkeiten gesorgt, so bleiben die subdominanten erwachsenen Kater an ihrem Geburtsort; die Kater von verschiedenen Höfen zeigen untereinander sogar mehr Toleranz, ihre Home-Ranges weisen auch größere Überlappungen auf als diejenigen der Weibchen von verschiedenen Höfen. Ohne menschlichen Schutz würden sie von den stärkeren Katern (den erwähnten »breeder-class«-Männchen) vertrieben und entweder zu einem nomadischen Lebensstil gezwungen oder dazu getrieben, ein neues Primärheim zu suchen, wo sie die Rolle des Chefkaters spielen können. Da die meisten Kater jedoch an den jeweiligen Haushalt gebunden sind, ist es nicht ungewöhnlich, mehrere erwachsene Kater zu sichten, die friedlich nebeneinander stehen und vielleicht sogar das gleiche Weibchen umwerben. Innerhalb eines Hofes oder Haushalts gehen die erwachsenen Weibchen in der Regel sehr sozial miteinander um: Sie ruhen oft mit gegenseitigem Körperkontakt, belecken einander und säugen nicht nur die eigenen Jungtiere, sondern auch die anderer Mütter.

Sie werden nun verstehen, was damit gemeint ist, dass die meisten Katzen heutzutage im klassischen Sinn nicht oder nicht mehr »territorial« sind; es kann höchstens von einer Art Gruppenrevier die Rede sein; dies trifft wiederum vorwiegend für die Weibchen eines Haushalts zu, da sie die Geschlechtsgenossinnen, die zu einem benachbarten Haushalt gehören, nicht auf ihrem eigenen, gemeinsam benutzten Grundstück dulden. Und die einzigen Kater, die Geschlechtsgenossen aus ihren Revieren verjagen, sind die »breeder-class«-Männchen eines völlig frei lebenden Katzenbestandes mit niedriger Populationsdichte. Wie viele solche Kater existieren heute noch? Auch die meisten männlichen Tiere sind an Haushalte gebunden!

Wie ist es dazu gekommen, dass die Mehrheit der heutigen Hauskatzen »soziale« Tiere sind? Ich habe schon erwähnt, dass junge Bauernhofkatzen häufig zusammen mit mehreren älteren Artgenossen aufwachsen; das gleiche gilt für viele reinrassige Jungtiere, die in Zuchtgehegen leben, und sogar für eine immer größere Zahl von Jungkatzen in Siedlungsgebieten, in denen Haushalte mit zwei oder mehr Katzen keine Seltenheit sind. Vergleichende Untersuchungen in mehreren Gebieten (in verschiedenen Ländern) haben die Hauptgründe dafür ausfindig gemacht: einen hohen Verwandtschaftsgrad unter den Tieren des gleichen Hofes und räumlich konzentrierte, jedoch dank der zusätzlichen Fütterung durch den Menschen reichlich vorhandene Nahrung.

Sehr oft sind die erwachsenen Weibchen eines Hofes eng miteinander verwandt (Mütter, Töchter, Enkelinnen, Tanten, Nichten usw.), und Macdonalds Team konnte regelrechte matriarchalische Stammlinien innerhalb einiger Bauernhofkolonien ermitteln. Die-

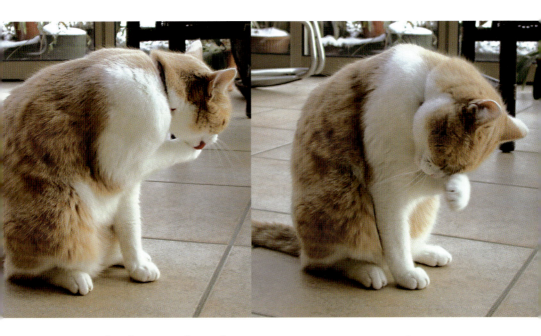

4. Genetische Merkmale

Hier ist sicher nicht der richtige Ort, um einen Grundkurs in Genetik abzuhalten. Ich empfehle Ihnen daher, das Katzenbuch von Rosemarie Wolff zur Hand zu nehmen, in dem die Grundzüge und Grundbegriffe ausgezeichnet dargestellt sind. Auch über die Vererbung von Fellfarben, Fellmuster, Haarlänge und Farbverteilung weiß man heutzutage gut Bescheid; all dies wird in dem Buch von Michael Wright und Sally Walters anhand von wunderschönen Zeichnungen erklärt. An dieser Stelle möchte ich auf einige sehr interessante genetische Merkmale eingehen, die auch häufig Anlass für Fragen sind.

Zwei relativ weit zurückliegende Genmutationen sind in diesem Zusammenhang zu erwähnen: die rezessiven Mutationen für das lange Haar (*l*) und die für das typische Farbmuster des Siamesenfells (*cs*). Die Mutation des dominanten Gens für normale (kurze) Haarlänge (*L*) fand vor über 400 Jahren in Kleinasien statt und kommt bei den »Angora«- und »Van«-Katzen in der Türkei sowie bei den klassischen Perserkatzen deutlich zum Tragen. Schon im 16. Jahrhundert wurden die langhaarigen Katzen, wahrscheinlich von Italien aus, in Frankreich und England eingeführt. Der Umstand, dass nicht alle langhaarigen Katzen die gleichen Felleigenschaften (z. B. Dichte des Unterfells) aufweisen, ist auf andere beteiligte Gene zurückzuführen; man spricht hier von Polygenie. Die sogenannte siamesische Genmutation, die sich nicht nur bei der Siamesenrasse auswirkt, liegt ebenfalls weit zurück; wie schon in Kapitel 2 erwähnt, finden sich Zeichnungen solcher Katzen in den Manuskripten von Ayudha, doch erst einige Zeit später (1793) werden sie in Russland erwähnt. Der Haupteffekt dieser Genmutation besteht in einer Reduktion der Pigmentstoffe in den Haaren und Augen. Die Menge des Pigments, die jeweils produziert wird, hängt von der Temperatur ab – je tiefer die Temperatur, desto mehr Pigment. Da bei der Katze die Ohrmuscheln, das Gesicht, die Pfoten und der Schwanz etwas kühler sind als der Rest des Körpers, wird an diesen Stellen (den »Points«) mehr Pigment produziert; dort wachsen daher dunklere Haare. Junge Siamesen, die in einem kühleren Klima oder in kühleren Jahreszeiten aufwachsen, sind ebenfalls am ganzen Körper etwas dunkler gefärbt.

Die dunkle Färbung bei Siamkatzen ist Körpertemperatur abhängig. Wachsen junge Siamesen in kälterem Klima auf, bilden sich mehr Pigmente an den kühleren Körperpartien wie Ohren, Pfoten und Schwanz.

KATZENZUCHT

Wir sollten nicht vergessen, dass die heutigen Katzenzüchter mit den in der Natur vorkommenden (oder vorgekommenen) Genmutationen arbeiten und diese Mutationen nicht selber herbeigeführt haben. Einige Mutanten, die im Freiland nicht unbedingt durch die natürliche Selektion am Leben gehalten worden wären, haben sie jedoch durch die künstliche Selektion gefördert. Die Katzenzucht ist relativ jung, und es ist zu hoffen, dass so anfällige Rassen und extreme Züchtungen mit negativen Auswirkungen, wie wir sie schon von den Hunden her kennen, niemals populär werden. Die Verantwortung liegt bei Ihnen – entweder als dem Züchter oder dem potenziellen Abnehmer solcher Tiere.

Eigentlich bestimmen nur relativ wenige Gene (in verschiedenen Kombinationen) die Farben und Eigenschaften des Fells, im Verhältnis zu den vielen Tausenden von Genen, durch die der Bau des Körpers und dessen Funktionieren festgelegt ist. Nur etwa zwölf Genmutationen (in mehreren Kombinationen) sind für die bei Katzen so große Vielfalt der Fellfarben verantwortlich; außerdem kennt man etwa fünf Mutationen, die sich auf die Beschaffenheit des Fells auswirken. Farbe und Beschaffenheit des Fells werden unabhängig voneinander vererbt, so dass man bei allen Fellarten sämtliche Farbvarianten antreffen kann. Natürlich haben die Katzenzüchter ihr Interesse auf diese etwa zwanzig Mutationen konzentriert, die das Aussehen der Katze in erster Linie beeinflussen. Manchmal haben jedoch solche Mutationen auch nachteilige Nebenwirkungen. So ist beispielsweise ein gewisser Prozentsatz der Katzen, die das dominante Gen für weiße Fellfarbe (W) tragen, taub; insbesondere sind blauäugige Tiere betroffen. Die »Siamesenmutation« verursacht »falsche« Nervenverbindungen zwischen den Augen und dem Gehirn; dadurch wird das dreidimensionale Sehvermögen beeinträchtigt. Manche Siamesenkatzen kompensieren diesen Defekt durch Schielen. Andere Mutationen hätten noch verheerendere Auswirkungen, wenn sie nicht schon in der Gebärmutter zum Tod des Embryos führen würden.

Der »Orange«-Mutant (O), der bei rot- und schildpattfarbenen Tieren mitwirkt, ist aus verschiedenen Gründen besonders interessant: Diese Mutation ist gegenüber den normalen Farben dominant; (*o*, der Wildtyp) ist jedoch ein »geschlechtsgebundenes« Gen. Das Chromosomenpaar XY bestimmt das Geschlecht eines Tieres, wie aus der nachstehenden *Abbildung 1* ersichtlich ist.

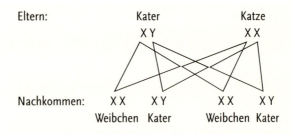

Das Gen *O* für die rote Farbe liegt auf dem X-Chromosom; Kater können demzufolge normalerweise nur ein *O* tragen, doch dies genügt, um ein rotes Fell zu produzieren. Weibchen müssen jedoch auf beiden X-Chromosomen das *O*-Gen tragen, um ein ganz rotes Fell zu bekommen; falls sie auf dem einen X-Chromosom ein *O* haben und auf dem anderen ein *o*, so ergibt dies die Schildpattfärbung – ein rot, hellrot und schwarz geflecktes Fell. Schildpattfarbene Kater gibt es nur selten, bei einem anomalen Chromosomensatz (XXY), und sie sind fast immer unfruchtbar.

Durch die Analyse der Häufigkeit verschiedener Gene in diversen Katzenpopulationen kann man einiges in Erfahrung bringen. Zum Beispiel wurde auf diese Weise herausgefunden, dass das *O*-Gen in Asien seinen Ursprung hat (es kommt in Indien, Südostasien und Japan besonders häufig vor) und langsam nach Westen vordringt; oder dass die Mutation des normalen (gestreiften) Tabby-Gens (*T*) zu dem gestromten (»blotched«) Tabby (*tb*) wahrscheinlich zur Zeit von Elisabeth I. in England stattfand und sich von dort aus in die überseeischen Kolonien und entlang den Binnenschifffahrtsstraßen, der Seine und der Rhône, in Europa ausbreitete.

Ich höre immer wieder von Personen, die an der Überzeugung festhalten, Katzen einer bestimmten Farbe besäßen bestimmte Persönlichkeitsmerkmale. Obwohl dies nicht auszuschließen ist, gibt es doch wenig Beweise dafür. Es wurde schon postuliert, dass Katzen, die das Allel für *non-agouti* tragen – also normalerweise schwarze Katzen – eventuell in Gegenden mit höherer Katzendichte (z. B. Städte und Vororte) toleranter gegenüber anderen Katzen sind als alle mit dem agouti-Allel. Eine Untersuchung von 84 britischen Kurzhaarkatzen deutet darauf hin, dass Katzen mit einem orange-, creme- oder schildpattfarbenen Fell häufiger Handling durch fremde Personen ablehnen, als Tiere mit anderen Farben. Forscherkollegen in Frankreich und Italien vermuten, dass rote Kater (mit dem o-Allel) aggressiver sind, währenddessen Tiere mit der *non-agouti* Mutation (meist schwarze Tiere) stärkere soziale Tendenzen gegenüber Artgenossen zeigen. Obwohl ich davon überzeugt war, dass rote (o-)Kater viel initiativer und menschenfreundlicher waren, zeigte meine aufwendige und vorsichtige statistische Auswertung der Persönlichkeits-Beurteilungen von mehr

Die Schildpattfärbung ist an die beiden X-Chromosomen gebunden und tritt nur bei weiblichen Katzen in Erscheinung.

als 1200 Katzen durch ihre Halterinnen und Halter KEINE Unterschiede zwischen den Farben – wenn man andere potenziell mitbeeinflussende Faktoren (wie z. B. Geschlecht und Alter des Tieres, Aufzuchtbedingungen usw.) mitberücksichtigt.

Mit zwei Ausnahmen (siehe Kapitel 14) sind nicht einmal die so oft erwähnten Verhaltensunterschiede zwischen den einzelnen reinen Rassen bis heute wissenschaftlich bestätigt worden! Die Beschreibungen der Charakterzüge einiger Rassen (z. B. der »trägen« Perser und der »dominanten« Siamesen) stimmen jedoch so weitgehend überein, dass sicher ein genetischer Einfluss anzunehmen ist; dies schließt aber die Beteiligung von Umwelteinflüssen keinesfalls aus. Es wäre denkbar, dass die ruhigen Perser von ihren Besitzern von klein auf anders behandelt wurden oder wegen ihres langen (und warmen) Pelzes weniger aktiv sind.

Wir wissen leider sehr wenig über die genetischen Einflüsse auf das Verhalten höherer Säugetiere, zu denen natürlich auch die Katze gehört. Aber wir können uns auf einige Überraschungen gefasst machen, wenn weitere Studien veröffentlicht werden. Wie bereits kurz erwähnt, sorgte vor einiger Zeit eine Entdeckung für ziemlich großes Aufsehen in der Presse: Zusammen mit Kollegen von der Cambridge University in England stellte ich fest, dass die Gene des Katers einen Einfluss auf das haben, was wir bei Jungkatzen als »Freundlichkeit gegenüber Menschen« bezeichnen. Später präzisierte eine Doktorandin dies als einen genetischen Einfluss auf das Erkundungsverhalten der Jungtiere, was natürlich zu schnellerem Kontakt mit Objekten (und Personen) in der Umgebung führt. Dieser »Vatereffekt« stand in beiden damaligen Katzenkolonien – in Zürich wie auch in Cambridge – statistisch einwandfrei fest. Bei den Katzen in Zürich, jedoch nicht bei den Tieren in Cambridge, beobachteten wir im Hinblick auf diese Charaktereigenschaft zudem auch einen »Muttereffekt«; da aber die Jungtiere zusammen mit ihren Mütter aufwuchsen, konnten wir leider nicht mit Sicherheit sagen, ob dieser Effekt genetisch oder durch die Umwelt bedingt war. Sehr wahrscheinlich spielen sowohl das Erbgut als auch die umweltbedingten Erfahrungen einer Jungkatze eine große Rolle bei der Entwicklung ihres Verhaltens und ihrer Persönlichkeit.

Dies ist auch konform mit dem heutigen Denkmodell in der Verhaltensbiologie, welche der »nature-nuture«- (angeboren oder gelernt)-Debatte nicht mehr viel Beachtung schenkt.

5. Sinnesleistungen

Das Verhalten, das wir bei unseren Hauskatzen beobachten, ist oft eine Reaktion auf irgendwelche Umweltreize; solche Stimuli werden mittels eines oder mehrerer Sinnessysteme wahrgenommen. Die Leistungen einiger Sinne der Katzen sind sehr beeindruckend und so außergewöhnlich, dass wir dazu neigen, diesen Tieren »übernatürliche« Fähigkeiten zuzuschreiben; die Leistungen anderer Sinne liegen durchaus im Bereich des für Säugetiere Normalen. In diesem Kapitel wollen wir die Tast-, Gehör-, Seh-, Geruchs- und Geschmackssysteme der Katze näher betrachten. Wir werden sehen, dass sich zumindest einige der erstaunlichen Leistungen dieser Tiere (z.B. ihr »Frühwarnverhalten« vor einem Erdbeben oder einem Bombenangriff) durch den Einsatz ihrer »normalen« Sinne ohne weiteres erklären lassen.

Der Tastsinn

Der Tastsinn, der mindestens fünf Qualitäten – leichter oder schwerer physischer Druck, Wärme, Kälte und Schmerz – erfasst, ist nicht deutlich weiter entwickelt als bei den meisten Karnivoren. Die Kopfgegend und die Pfoten sind jedoch besonders empfindlich.

Die Nervenrezeptoren an der haarlosen Nasenspitze der Katze registrieren Wärme und Kälte (einschließlich der Temperatur ihres Futters). Obwohl die übrige Körperhaut auch Temperaturrezeptoren aufweist, ist die Kopfgegend am empfindlichsten. Wegen der geringeren Sensibilität der übrigen Rezeptoren reagieren Katzen oft zu spät und versengen sich das Fell, wenn sie auf einen für menschliche Begriffe zu heißen Kochherd springen und sich dort sogar hinsetzen. Tastrezeptoren auf der Zunge haben im Zusammenhang mit dem Geschmacks- und Geruchsempfinden eine besondere Bedeutung.

Die Schnurrhaare sind sehr tastempfindlich und helfen der Katze Vibrationen und Luftströme wahrzunehmen. So kann sie sich auch in völliger Dunkelheit sicher fortbewegen.

Die steifen Schnauz- oder Schnurrhaare (Vibrissae) der Katze sind für ihr tägliches Leben enorm wichtig. Sie sind besonders tastempfindlich und werden unter anderem beim Erkunden von Objekten aus der Nähe eingesetzt. Alle Katzen, nicht nur die mit schlechten Augen, brauchen in der Dämmerung und in der Nacht die zusätzliche sensorische Information, die ihre Tasthaare ihnen liefern, um sich auch dann noch geschickt fortbewegen zu können. Die Schnauzhaare sind ebenfalls für Vibrationen und feine Luftströmungen empfänglich. Dies erklärt, weshalb die Katze auch in vollständiger Dunkelheit sicher um Objekte herummanövrieren kann. Sowohl die Schnauzhaare als auch die verlängerten Haare oberhalb der Augen schützen das Tier vor Augenverletzungen, denn diese Tasthaare stoßen zuerst an ein Objekt (z. B. einen Ast) und lösen ein Blinzeln aus. Während sie ein Objekt erkundet, richtet die Katze ihre Schnauzhaare nach vorne; ein bedrohtes Tier legt sie flach am Gesicht entlang zurück. Es ist denkbar, aber nicht erwiesen, dass auch die anderen Artgenossen dies beim Abschätzen der Laune einer Katze mit berücksichtigen.

Gut gefühlt ist halb erkannt. Katzen untersuchen unbekannte Objekte immer erst mit ihren Pfoten. Dabei helfen zahlreiche Druckrezeptoren an den unbehaarten Ballen.

Katzenpfoten sind besonders tastempfindlich, vor allem die haarlosen Fußballen. Sie werden eingesetzt, um Oberfläche, Größe und Form eines Objekts zu untersuchen. Zuerst strecken Katzen eine Pfote aus und berühren das Objekt leicht; dann wenden sie mehr Druck an, und schließlich kommt auch ihre Nase ins Spiel. Durch die Rezeptoren an den Fußballen fließen, während sich die Katze bewegt, laufend Informationen über die Körperstellung zum Gehirn. Ob ruhende Katzen tatsächlich mit ihren Pfoten Schwingungen wahrnehmen – also mit ihren Füßen »hören – ist nicht sicher. Allenfalls könnte dies erklären, wie Katzen Erdbeben »voraussagen« können: Meistens gibt es kurz vor einem Hauptbeben viele kleinere, von den Menschen kaum wahrnehmbare Erdstöße; diese werden jedoch von der Katze registriert, und das Tier verlässt beunruhigt und auf Grund seines gesteigerten Aktivitätsniveaus ein Gebäude, in dem es sich vielleicht gerade aufhält.

Der Gehörsinn

Für einen Jäger, der auf kleine, im Gras versteckte, leise piepsende Nagetiere spezialisiert ist, hat das Gehörsystem enorme Bedeutung. Und die Hörfähigkeit der (wenigstens ursprünglich) nachtaktiven Katzen übertrifft nicht nur bei weitem die des Menschen, sondern in mancher Hinsicht auch die des Hundes.

Versuche haben gezeigt, dass Katzen besser zwischen zwei nahe beieinander liegenden Geräuschquellen unterscheiden können als Menschen oder auch Hunde. Ebenfalls können sie die Höhe eines Geräusches über dem Boden und seine Entfernung besser abschätzen als Hunde, deren ausgezeichneter Gehörsinn ja bekannt ist. Katzen können zwei hintereinanderliegende Geräuschquellen unterscheiden und die weiter entfernte Quelle genau lokalisieren und verfolgen. Dies ermöglicht der Katze auch in völliger Dunkelheit erfolgreiche Sprünge nach einer Beute. Beim Lokalisieren der Geräuschquellen spielen auch die relativ großen Ohrmuscheln – sie funktionieren als Geräuschtrichter, und werden unabhängig voneinander von über 20 Muskeln bewegt – eine Rolle.

Jäger in Lauerstellung: Alle Sinne sind auf die Beute gerichtet. Die Ohren fungieren wie Schalltrichter und registrieren jeden Laut.

Aber auch die Frequenzempfindlichkeit des Katzenohrs ist um einiges größer als die der Hunde oder des Menschen. Der Mensch hört normalerweise Töne, die etwa zwischen 20 Hertz und 17 bis 20 Kilohertz liegen. Im höheren Frequenzbereich reagieren die meisten Hunde auf 15 bis 35 kHz (physiologisch bis 60 kHz). Katzen hören problemlos Töne zwischen 35 und 65 kHz (physiologisch reagieren sie bis 100 kHz), obwohl ihre Empfindlichkeit für hohe Töne im Alter abnimmt – wie beim Menschen. Sie hören also Töne, die mindestens anderthalb Oktaven höher liegen als die von uns wahrgenommenen. Kann es uns da überraschen, wenn eine Katze »im Voraus« oder mit einem »siebten Sinn« auf einen für Menschen nicht hörbaren akustischen Reiz reagiert? Die größere Empfindlichkeit für hohe Töne erklärt auch zum Teil ihre Reaktionen auf höhere Stimmlagen bei Menschen (also auf Frauen), auf ein vom Wind verwehtes Blatt, auf knisternde oder kratzende Töne und auf das Piepsen von Mäusen. Im unteren Frequenzbereich haben Mensch und Hund etwa die gleichen Fähigkeiten und hören Töne bis etwa 20 Hz; die Katze reagiert noch bis auf etwa 30 Hz.

Das Sehvermögen der Katze

Gestochen scharf und wunderschön: Das Katzenauge.

Die Augen unserer Hauskatzen und ihr Sehvermögen entsprechen ebenfalls dem, was wir bei einem ursprünglich in der Dämmerung und während der Nacht aktiven Jäger erwarten würden: Die Augen sind im Verhältnis zur Schädelgröße und zu den Augen tagaktiver Tiere recht groß, nach vorne gerichtet und extrem lichtempfindlich.

Jedes Auge deckt einen Sehwinkel von etwa 205 Grad ab. Tiere mit mehr seitlich sitzenden Augen – wie viele Vögel – haben »Rundumsicht« bis zu 360 Grad, was für die Entdeckung eines sich anschleichenden Raubtiers ganz wesentlich ist. Der Räuber selber muss jedoch ein gutes, nach vorne orientiertes Sehvermögen besitzen – wie unsere Katzen.

Die nach vorne gerichteten und nebeneinander liegenden Augen erlauben der Katze das sogenannte »binokulare« Sehen, das plastische Wahrnehmen in drei Dimensionen. Die visuelle Distanzeinschätzung, obwohl nicht so gut entwickelt wie beim Menschen, funktioniert ausgezeichnet, jedenfalls besser als bei vielen anderen Säugetieren. Katzen sehen Objekte in etwa 2 bis 6 Metern Entfernung am schärfsten.

Das Phantastischste an den Katzenaugen ist ihre Lichtempfindlichkeit. Die großen Pupillen lassen etwa 50 % mehr Licht durch als unsere. Die besondere Konstruktion des Auges projiziert ein Bild auf die Netzhaut der Katze, das fünf Mal heller ist als bei uns. Hinter der Netzhaut liegt das *tapetum lucidum*, eine Art Spiegel, der das beim ersten Durchgang nicht absorbierte Licht für eine zweite Aufnahme zurückreflektiert. (Wir alle kennen diesen Spiegeleffekt; denken Sie nur an die im Licht der Autoscheinwerfer »aufleuchtenden« Katzenaugen.) Katzenaugen besitzen, wie unsere auch, beide Sorten der lichtempfindlichen Zellen in der Netzhaut – die Stäbchen und die Zäpfchen; aber die im schwachen Licht empfindlicheren Stäbchen sind in der Überzahl – auf etwa 25 Stäbchen kommt ein Zäpfchen; beim menschliche Auge ist das Verhältnis 4 zu 1. Darüber hinaus sind die Stäbchen so angeordnet und miteinander verbunden, dass sie sich bei einem Lichtreiz gegenseitig stimulieren und ein verstärktes Signal an den Sehnerv weiterleiten. Obwohl auch Katzen in totaler Finsternis nicht sehen können, erkennen sie mit Hilfe und dank der weit geöffneten Pupillen, des *tapetum lucidum* und der vielen Stäbchen immerhin Objekte in sechs Mal schwächerem Licht, als wir es für eine Wahrnehmung benötigen.

Doch hat dieses Nacht-Sehvermögen auch seine Nachteile: Tagsüber funktionieren die vielen Stäbchen nicht optimal, und das Auge muss sich mit der relativ kleinen Zahl der vorhandenen Zäpfchen begnügen, um zu sehen. Obwohl jedes Zäpfchen eine einzelne Nervenzelle aktiviert (was eigentlich im Gehirn ein schärferes Bild ergibt als die miteinander verbundenen Stäbchen), sehen Katzen tagsüber wegen der geringeren Anzahl der Zäpfchen wahrscheinlich weniger scharf als wir. Die Zäpfchen sind ebenfalls für das Farben sehen verantwortlich. Im menschlichen Auge gibt es drei verschiedene Sorten von Zäpfchen; sie absorbieren rotes, grünes und blaues Licht. In Katzenaugen wurden bisher nur auf Grün und Blau empfindliche Zäpfchen entdeckt. Andere Farben werden insofern vermutlich nur als unterschiedliche Grautöne wahrgenommen; doch für ein ursprünglich vorwiegend in der Dämmerung und der Nacht aktives Tier ist ein gutes Farbsehvermögen weniger wichtig.

Es bleibt zu erwähnen, dass die Katze über einige Mechanismen verfügt, die sie vor allzu grellem Licht schützen: Sie kann – im Gegensatz zu den meisten anderen Säugetieren –

Katzenaugen zum Staunen

ihre Iris (Regenbogenhaut) so weit schließen, dass die Pupillen nur noch als schmale, senkrechte Schlitze erscheinen. Und sie hat ihre dritten Augenlider, helle Membranen, die oft sichtbar sind, wenn das Tier tagsüber döst. Sind sie geschlossen, so ist die Aufnahme optischer Reize reduziert; wenn aber ein Schatten auf sie fällt (er könnte durch Ihre Annäherung verursacht sein), zieht sie die Membranen sofort seitlich zurück.

Bei dieser dösenden Katze kann man die dritten Augenlider sehr schön am Augeninnenrand erkennen.

Der Geruchs- und Geschmackssinn

Wenn vielleicht auch Farben die Welt der Katze nicht so stark prägen wie die des Menschen, so gilt das Umgekehrte für Gerüche und Geschmackswahrnehmungen. Unbekannte Objekte, Artgenossen und Menschen werden im Falle einer Annäherung erst einmal gründlich beschnuppert; an der Nahrung wird zuerst gerochen und dann probiert, bevor die Katze zu fressen beginnt. Gerüche spielen auch in ihrem Sozialleben eine wichtige Rolle, wie wir noch sehen werden.

Wie bei anderen Säugetieren befinden sich auch bei der Katze die Geruchsrezeptoren im Naseninneren, und die meisten Geschmacksrezeptoren sitzen am Rand der Zunge und ganz hinten auf ihrer Oberseite. Die Geruchsrezeptoren werden durch in der Luft schwebende, chemische Moleküle stimuliert, die Geschmacksrezeptoren durch chemische Substanzen, die in Wasser oder Speichel aufgelöst sind. Geruchs- und Geschmackssinn arbeiten eng zusammen. Die Naseninnenseite der Katze ist mit einer Schleimhaut überzogen, die über 200 Millionen geruchsempfindliche Zellen aufweist. Die Oberfläche dieser Schleimhaut ist doppelt so groß wie die des Menschen. Aber Katzen (wie auch einige andere Tiere, nicht aber der Mensch) besitzen ein zusätzliches Organ, dessen Funktion etwa zwischen der Geruchs- und der Geschmacksaufnahme liegt, nämlich das Vomeronasal- oder Jacobson'sche Organ. Es liegt ganz vorne unterhalb der Nase und hat eine kleine Öffnung zur Mundhöhle, hinter den oberen Schneidezähnen. Wenn die Katze mit der Zunge Geruchssubstanzen aus der Luft »fängt« und sie dann gegen den oberen Gaumen drückt, wird dieses Organ stimuliert. Bei Katzen kann man oft das »Flehmen« beobachten – eine Art starres Grinsen mit geöffnetem Maul, manchmal mit zitternder Zunge, währenddessen die mit Molekülen beladene Luft durch die Öffnung dieses Organs »gesaugt« wird. Das Flehmen wird besonders häufig während der Untersuchung von sexuell signifikanten Düften (und von Harnspuren) gezeigt, aber beispielsweise auch, wenn Katzenminze gerochen wird.

Im allgemeinen empfinden Säugetiere 4 Geschmacksqualitäten: süß, salzig, bitter und sauer. Katzen sind in dieser Hinsicht etwas sonderbar: Während sie für Süßes unempfänglich sind, haben sie spezielle Rezeptoren für den Wassergeschmack! Sie vertragen Zucker in ihrer Nahrung schlecht, nehmen ihn jedoch trotzdem auf, weil sie ihn nicht schmecken können. Deshalb bekommen viele Katzen, die erst Milch (mit dem Milchzucker, der Laktose) trinken, nachher Durchfall; auch vertragen sie nur kleine Mengen Frucht- und Rohrzucker in der Nahrung.

Nichts geht an der Nase vorbei

Auch im Dunkeln kann mit Hilfe der Nase genau kontrolliert werden, wer zuletzt seine Duftspuren hinterlassen hat.

Katzen können nichts Süßes schmecken. Dafür besitzen sie Geschmacksrezeptoren, die auf unterschiedliche Proteine reagieren.

Bei Katzen als Fleischfressern würde man eine besondere Geruchs- und Geschmacksempfindlichkeit für Proteine und tierische Fette erwarten. Tatsächlich haben Versuche gezeigt, dass ihre Geschmacksrezeptoren auf stickstoff- und schwefelhaltige Substanzen (die Elemente einiger Aminosäuren, aus denen sich Proteine zusammensetzen) reagieren. Die verschiedenen tierischen Fette werden wahrscheinlich auf Grund ihres Geruchs wahrgenommen; sogar wir können zwischen den Aromen verschiedener Fleischsorten unterscheiden. Allgemein bekannt ist auch die Vorliebe für eine bestimmte Fleischsorte oder Dosenfutter einer bestimmten Marke.

Besondere Sinnesleistungen

Bevor wir das Gebiet der Sinnesleistungen verlassen, möchte ich doch noch einige wirklich bewundernswerte Leistungen unserer Hauskatze erwähnen, die mit ihren »normalen« Sinnesfunktionen zu tun haben. Es handelt sich dabei um das Finden des Heimwegs sowie das Träumen und Lernen im Zusammenhang mit ihrer Hirntätigkeit.

Das Finden des Heimwegs: Wir lesen immer wieder in der Tages-
presse von bemerkenswerten Wanderungen der Hauskatzen,
meistens von einem weit entfernten Ort zurück in ihre ursprüngliche Heimat. Manche Berichte nennen Distanzen von über 1000
Kilometern, doch geht es meist um Entfernungen bis zu 100 Kilometern. Einerseits sind diese Schilderungen nur schwer zu überprüfen und zu bestätigen (erstaunlich viele Katzen sehen genau
gleich aus, und es gibt auch viele streunende Katzen); andererseits
sind solche Berichte sehr zahlreich und enthalten oft genaue Angaben der von der Geschichte überzeugten Halter, so dass auch wir
Wissenschaftler sie ernst nehmen müssen. Mir ist nur ein so ge-
nannter Homing-Versuch mit Katzen bekannt, wie sie mit diversen Wildtierarten, vor allem Vögeln und Kleinsäugern, durchgeführt wurden. Diese norwegische Studie zeigt eine kritische
Distanz von etwa 5 km auf; ab dieser Entfernung senkt die Wahrscheinlich des Heimkehrens rapide ab. Da der Vorfahre der domestizierten Katze ortstreu und territorial war (und ist), bestand
kein evolutionärer Selektionsdruck, diese Fähigkeit speziell auszubilden. Zudem würde man eine
kritische Distanz von dieser
Größenordnung erwarten, gegeben den bekannten Streifge-
bietgrößen der heutigen Hauskatzen. Wir dürfen aber nie
vergessen, dass sogar die normalen Sinne der Katzen oft leis-
tungsfähiger sind als unsere;
wahrscheinlich können diese
Tiere eine Kombination verschiedener sensorischer Reize
(akustische, optische und riech-
bare Eindrücke) ihrer Heimat
und ihres Heimwegs wahrnehmen und als Orientierungshilfe
einsetzen.

Denk- und Lernfähigkeiten:
Ich finde die Diskussionen (oft
sogar Streitigkeiten) über die
relative Intelligenz verschiede-

ner Tierarten unwichtig und uninteressant; solange der Mensch keinen Zugang zu den »Gedanken« der Tiere hat, sind diese Debatten völlig sinnlos. Es gibt aber andere Möglichkeiten, sich an die Gehirnfunktionen heranzutasten. Interessanterweise zeigen (die weder für das Tier noch für den Menschen schmerzhaften) Messungen der Gehirnströme von schlafenden Katzen und von träumenden Menschen so frappierende Ähnlichkeiten, dass die Annahme nahe liegt, dass auch Katzen träumen. Einige Körperbewegungen während ihres Schlafes vermitteln ebenfalls diesen Eindruck. Und das findet man bei nicht allzu vielen Tierarten.

Verhaltensforschern gelang es erst in den letzten Jahren, durch raffiniert geplante Versuche, bei denen verschiedene Aufgaben zu lösen waren, an die kognitiven Fähigkeiten der Tiere, vor allem der Affenarten, heranzukommen. Es ist tatsächlich schwierig, solche Fähigkeiten zweifelsfrei nachzuweisen; jedoch bin ich nicht der Meinung einiger Primatologen, dass sie nur bei den so genannten höheren Affen zu entdecken sind. Ich glaube, dass in der Zukunft Tests entwickelt werden, die den von den anderen Tierarten vermehrt benutzten Sinnen mehr Gewicht verleihen, und dann werden wir eines Tages »plötzlich« feststellen, dass auch diese Tiere kognitive Leistungen erbringen können. Dies geschah vor kurzem für den Haushund: Im Verlauf der Domestizierung wurden nachweislich erhöhte sozialkognitive Fähigkeiten beim Ablesen menschlicher Signale bevorzugt und genetisch verankert. Obwohl die Katze erst später domestiziert wurde, ist dies auch hier nicht auszuschließen.

Auf jeden Fall aber und im Gegensatz zu einer weit verbreiteten Meinung sind Hauskatzen sehr wohl lernfähige Tiere. Klar wirkt auf ein so eigenwilliges Geschöpf die konventionelle Bestrafungsmethode nicht oder kaum. Ein scharfes »Nein«, das konsequent vom neuen Halter eines Jungtieres angewendet wird, kann jedoch Wunder bewirken. Durch positive Verstärkung (z. B. durch Belohnung) kann man aber das Verhalten von Katzen durchaus steuern, sie sogar trainieren. Ich erinnere mich an eine ausgezeichnete Dressurvorführung mit Hunden und Katzen im San Diego Wild Animal Park, Kalifornien, die demonstrierte, dass Hauskatzen so ziemlich alles lernen können, was Hunde lernen, und dazu noch mehr. Das Erfreuliche an dieser Show war, dass sie auf den natürlichen Verhaltensmustern der beiden Tierarten aufbaute und die

nen Teil ihrer Nahrung ausmachen und Reptilien einen noch kleineren, außer in niedrigen Breitengraden, wo sie wichtiger sein können, als allgemein angenommen wird.« Und um einen längeren Abschnitt seiner Darstellung auf einen kurzen Nenner zu bringen: Keine einzige Studie konnte bis heute nachweisen, dass unsere Hauskatzen den Bestand irgendeiner einheimischen Vogelart auf dem Festland gefährden!

Obwohl es also keine Beweise für eine direkte Gefährdung der einheimischen Vogelbestände gibt, besteht immerhin die Möglichkeit, dass sie auf Grund der Nahrungskonkurrenz durch die heutigen Katzenbestände indirekt beeinflusst werden, vor allem die Greifvögel. Dies muss durch weitere, sorgfältig geplante Felduntersuchungen (mit integrierten Kontrollversuchen) abgeklärt werden; allerdings würde ich nur einen unbedeutenden Einfluss erwarten, der erst dann zum Tragen kommt, wenn der Bestand der für Vögel wie auch für Katzen geeigneten Beutetierarten so niedrig ist, dass er den Greifvogelbestand ohnehin nicht mehr ernähren könnte.

Nun gibt es immer noch das »Problem« der Vogelspezialisten unter den Katzen, die mehr als den ihnen »zustehenden« Anteil an Vögeln fangen, auch wenn dies den Bestand als solchen nicht gefährdet. Vielleicht sollte vorausgeschickt werden, dass die Existenz solcher Spezialisten noch nie mit Daten aus Felduntersuchungen nachgewiesen wurde; es handelt sich also nur um einzelne Beobachtungen von Tieren, die relativ häufig Vögel nach Hause tragen. Wir wissen lediglich aus einigen (nicht von uns selbst durchgeführten) Kolonieuntersuchungen, dass die Erfahrungen, die eine Jungkatze mit verschiedenen Beutetieren macht, ihr späteres Fangverhalten und ihre Nahrungspräferenzen beeinflussen können. Unter der Voraussetzung, dass dies auch für frei laufende Katzen gilt, sollten wir versuchen, unsere Jungkatzen gar nicht erst »auf den Geschmack« von Vögeln kommen zu lassen. Von Muttertieren für ihren Nachwuchs nach Hause gebrachte Vögel (dies habe ich persönlich nie beobachtet), sollten wir wegnehmen, wenn wir Gelegenheit dazu haben, ebenfalls Vögel, die sie für sich selbst oder den Halter Heim tragen – ohne irgendein aufmunterndes Wort zu sagen. Man kann zudem auch Halsbänder mit einem kleinen Glöckchen daran ausprobieren; allerdings ist ihre Wirksamkeit zu bezweifeln, und ich vermute, dass die Vögel den meisten Katzen ohnehin aus anderen Gründen entkommen.

Habitat-Zerstörung als Hauptproblem

Der allgemein festgestellte Rückgang vieler Tierarten – seien es Vogelarten, Amphibien oder Reptilien, darunter auch Arten, die Katzen gelegentlich erbeuten, ist laut den meisten Untersuchungen hauptsächlich auf den Verlust geeigneter Habitate zurückzuführen: Überbauung, intensivere landwirtschaftliche Nutzung, Verlust an einheimischen Pflanzen zu Gunsten »attraktiverer« Exoten. Da man oft diesbezüglich nicht viel dagegen tun kann, greifen manche Naturschützer ungerechterweise zum nächstbesten »Opfer«, nämlich den Raubtieren, die wir als Zimmergenossen halten. Sinnvoller wären z.B. vermehrte Kampagnen zu Gunsten der Bepflanzung von einheimischen Sträuchern und Hecken in und um die Siedlungsgebiete. Die Umgebung unseres Hauses (eine nach Südwesten orientierte steile Hanglage) wurde vor über zwanzig Jahren von einer Naturschutzfirma so angepflanzt. Unsere Katzen fangen seit Jahren (!) während den Frühlings- und Sommermonaten mehrmals pro Woche Blindschleichen, anscheinend ohne dass deren Bestand gefährdet wurde. Natürlich schätzen wir das nicht besonders, aber wir akzeptieren es als ein »fact of life«.

Der Einfluss auf die Inselfauna

Im Gegensatz zu der Situation auf dem Festland stellen die von Menschen auf kleineren, abgelegenen Meeresinseln mitgebrachten und freilaufenden Hauskatzen eine ernsthafte Gefahr für die dortigen Tierbestände dar. Laut Fitzgeralds Ermittlungen sind sie die Hauptursache für das Verschwinden vieler Seevögel und das Aussterben einiger endemischer Landvogelarten. Inselkatzen ernähren sich von einigen wenigen eingeführten Säugetierarten und von Vögeln, insbesondere den Brutkolonien von Seevögeln. Diese Vogelbestände entwickelten sich ursprünglich ohne jede Bedrohung durch Raubsäugetiere und haben fast keine Chance, den in jüngeren Zeiten eingeführten jagderfahrenen Raubkatzen zu entgehen. Ich muss mich in diesem Fall mit Fitzgeralds Schluss einverstanden erklären: Es sollte alles unternommen werden, um Katzen von nicht permanent bewohnten Inseln zu entfernen und nicht auf weiteren Inseln freizusetzen. Hier müssen die Natur- und Vogelschutzorganisationen dieser Welt noch aktiver werden.

Auch Blindschleichen werden gerne gefangen, wenn auch die Katzen nicht der alleinige Grund für den Bestandsrückgang sind. Hier spielt die Habitatzerstörung eine größere Rolle.

Der Einfluss auf Säugetierbestände

Ein von sehr vielen (nicht aber allen) Leuten als positiv bewerteter Aspekt des raubtierartigen Wesens der Katzen ist die Schädlingskontrolle. Seit ihrer Domestikation wurde die Hauskatze sowohl in der Landwirtschaft als auch in den Städten als Mäuse- und Rattentöter geschätzt. In den 50er Jahren unseres Jahrhunderts haben jedoch einige Ökologen die Fähigkeit irgendeiner Raubtierart, ihre Beutebestände zu kontrollieren, in Frage gestellt.

Die Beziehungen zwischen einem Raubtier und seinen Beutetieren sind außerordentlich schwierig zu analysieren. Einerseits erfordert dies langjährige Untersuchungen (damit auch zyklische Veränderungen der Bestände berücksichtigt werden können) mit eingebauten Kontrollen. Man benötigt z. B. ein Testgebiet mit Raubtieren und eines ohne sie, oder man fängt alle Raubtiere und verfolgt die Weiterentwicklung der Beutebestände. Doch sind meistens mehrere Raubtierarten involviert, und es ist nicht einfach, den Einfluss jeder Art getrennt zu erfassen.

Angesichts der wachsenden Menge der zur Verfügung stehenden wissenschaftlichen Daten scheinen die Ökologen langsam ihre Meinung zu ändern bezüglich der Fähigkeit eines Raubtierbestandes, seine Beutebestände in Schach zu halten. Fitzgerald berücksichtigt auch die jüngsten Forschungsergebnisse (zum Teil auch seine eigenen, sorgfältig gesammelten Daten) und kommt zu dem Schluss, dass die domestizierte Katze (manchmal »in Zusammenarbeit« mit anderen Räubern) tatsächlich imstande ist, ihre Beutebestände zu regulieren und unter gewissen Umständen (vor allem wenn sie verschiedene Beutearten nehmen) auf einem tiefen Niveau zu halten.

Ich weiß natürlich nicht, wie Sie darüber denken – ich jedenfalls hätte statt mehr Nagetiergift lieber mehr Katzen in unserer Umwelt – solange sie richtig gepflegt und artgerecht gehalten werden (siehe Kapitel 17 und 18).

11. Wie »natürlich« sind unsere Hauskatzen?

Alt Deuteronomium lebte schon lang
Seit schier unzählbaren Katertagen,
Gefeiert im Sprichwort, gerühmt im Gesang,
Eh Queen Victoria Krone getragen.
Alt Deuter begrub neun Weiber und mehr,
Ich möchte fast wetten auf neunzig plus neun
Hat Katerskinder wie Sand am Meer...

T.S. Eliot, Old Possums Katzenbuch

Mittlerweile sind seit der Domestikation der ersten Hauskatzen in Ägypten vier bis viereinhalb Jahrtausende vergangen; nach mehreren tausend Generationen genießen heute tatsächlich deren über 100 Millionen Nachkommen das Leben. Wie weit hat sich nun das Verhalten unserer Hausgenossen von demjenigen ihrer wilden Vorfahren entfernt?

Eine lange Vergangenheit
mit Folgen

Die Antwort muss wahrscheinlich (wegen der fehlenden Informationen über das Verhalten der afrikanischen Wildkatze) lauten: »Nicht allzu weit«, vor allem deswegen, weil die bisherigen »züchterischen Ziele« vorwiegend auf die Anhänglichkeit der Katze (im weitesten Sinne) und ihre Morphologie (also ihr Aussehen) ausgerichtet waren. Nach ihrer ursprünglichen Zähmung, dem ersten Schritt im langen Domestikationsprozess, fand höchstwahrscheinlich eine künstliche Selektion statt, die solchen Tieren den Vorzug gab, die besonders fügsam waren, wobei es keine Rolle spielte, ob die Tiere speziell verpaart waren oder einfach mehr an das Haus gezogen oder in dessen Nähe geduldet wurden. Die Beibehaltung pädomorphischer (Kindähnlicher) Eigenschaften erwachsener Tiere wurde sicherlich vom Mensch bevorzugt: Denken Sie an das Spielverhalten, den Milchtritt und vielleicht auch das Schnurren. Oft ist eine domestikationsbedingte Verhaltensänderung nur auf eine Veränderung der Reizschwelle, die das Verhalten auslöst, zurückzuführen.

Wie schon im letzten Kapitel erwähnt, sind die heutigen Hauskatzen tagsüber aktiver geworden als ihre Vorfahren. Das ist aber kaum eine genetisch verankerte Domestikationserscheinung (allenfalls indirekt, insofern Tiere, die wenig Scheu gegenüber Menschen gezeigt haben, bevorzugt wurden), sondern wahrscheinlich eine modifikatorische (d.h. erlernte) Anpassung an das Zusammenleben mit dem tagaktiven Menschen.

Begrüßungsgeste unter Artgenossen: hoch erhobener Schwanz und vertrauensvolles Kopfreiben.

Was ihr innerartliches Sozialverhalten und die räumliche Organisation anbelangt, sind die Katzen zwar sehr anpassungsfähig – je nach Nahrungsmenge und Verteilungsmuster können sie allein oder in großen, sozial strukturierten Gruppen leben –, aber es ist möglich, dass sie schon immer so waren. Paul Leyhausen erwähnte in diesem Zusammenhang den Begriff »generisches Verhalten«, der von Adolf Haas geprägt wurde; er besagt, dass eine Tierart das ganze Verhaltensrepertoire der Gattung und sogar noch höherer Taxa, zu denen die Art gehört, in sich trägt. Vieles von dem, was wir an unseren Hauskatzen beobachten, kennen wir auch von anderen wilden Feliden: den Ablauf des Paarungsakts mit dem Nackenbiss (Kapitel 6), das gegenseitige Kopfreiben (Kapitel 12), mit dem sich auch Löwen nach einer Trennung begrüßen, das »Markieren« mit Harn (Kapitcl 19) oder das Wetzen der Krallen (Kapitel 20), das ebenfalls bei Löwen und anderen wilden Verwandten vorkommt.

Allerdings haben Bradshaw und Cameron-Beaumont festgestellt, dass der hoch gestreckte Schwanz bei der Begrüßung, unter domestizierten Katzen in diesem Zusammenhang nicht bei nah verwandten Wildkatzen gezeigt wird. Viele Katzenarten heben ihren Schwanz hoch während dem Harnmarkieren, nicht aber bei der Begrüßung von Artgenossen (Ausnahme: wieder die Löwen). Obwohl wir nicht wissen, ob die Vorfahren der domestizierten Katze dies beim Begrüßen auch tun, erwarten wir dies nicht – da sie nicht in sozialen Gruppen leben. Die Forscher meinen, dass dies ein Signal ist, das seit der Domestizierung selektioniert wurde, eventuell in Zusammenhang mit der erhöhten Sozialität der domestizierten Katzen.

Aber es gibt sicher auch Grenzen der Anpassungsfähigkeit unserer Katzen (sie werden in den Kapiteln 16 und 20 besprochen), deren Überschreitung zu körperlichen und seelischen Defekten und zu Störungen der Beziehung zwischen Haltern und ihren Katzen führen kann. Die Hauskatze ist trotz der etwa 4000 Jahre ihres Zusammenlebens mit Menschen eigenwillig und relativ selbstständig geblieben; sie ist immer noch ein Raubtier, das nötigenfalls (oder wenn es unerwünscht ist oder gar misshandelt wird) durchaus fähig ist, sich »auf eigene Faust« durchzuschlagen und zu überleben. Aus diesem Grund ist es vielleicht nicht ganz korrekt, vom »Besitzer« einer Hauskatze zu reden, denn die Katze kommt nur dann zu ihm, wenn sie es will. (Sie haben sicher schon bemerkt, dass ich das Wort »Halter« vorziehe, was auch eher der neuen rechtlichen Stellung unserer Heimtiere – als Wesen und nicht als Sache – entspricht.) Wenn wir diese Tatsache jedoch einmal und grundsätzlich anerkennen und respektieren, können wir die Beziehung der Katze zum Menschen mit Hilfe einiger Tricks beeinflussen und vielleicht die Qualität unserer Beziehung zu ihr (siehe Kapitel 13) verbessern.

Doch vergessen dürfen wir nie, dass die Katze letztenendes bestimmt, »wann und wieviel« engen Sozialkontakt sie mit uns pflegt, auch wenn sie uns denken lässt, dass wir »in Kontrolle« der Situation sind. Der perfekte Diplomat ...

Katzen und Menschen

12. Die Beziehung der Katze zum Menschen

Obwohl wir uns in diesem Kapitel auf die Beziehung der Katze zum Menschen konzentrieren, dürfen wir nicht vergessen, dass alle Beziehungen im Grunde genommen zweiseitig sind und beide Partner umfassen, die miteinander interagieren. Da aber in den letzten Jahren sehr viele Informationen zu diesem Thema erschienen sind, behandle ich der Einfachheit halber die Beziehung des Menschen zur Katze erst im nächsten Kapitel.

Die sensible Phase der Sozialisierung

Jedes Jungtier muss irgendwie das seinen Artgenossen gegenüber normale Verhalten lernen, auch wenn das Erbgut ein Grundgerüst dafür liefert. Diesen Prozess nennen wir »Sozialisierung«; er beginnt mit den ersten Reaktionen des Neugeborenen auf die Eltern oder die Mutter, dann auf die Wurfgeschwister, später auf andere Gleichaltrige und zuletzt auf alle Artgenossen, mit denen es zu tun hat. Die Ethologen haben festgestellt, dass das Jungtier relativ früh in seinem Leben »sensible Phasen der Sozialisierung« durchläuft; alle Erlebnisse mit Artgenossen, aber auch andere Erfahrungen, die es während dieser Phasen sammelt, haben nachhaltige Wirkungen auf spätere soziale Bindungen.

Auch bei jungen Katzen gibt es eine sensible Phase der Sozialisierung. Jungtiere, die relativ lang (10 bis 12 Wochen) bei ihren

In der sensiblen Phase der Sozialisierung werden Katzen für den Rest ihres Lebens geprägt. Lernen sie das Zusammenleben mit Artgenossen, so sind sie zeitlebens soziale Tiere.

Wurfgenossen bleiben dürfen und zusammen mit anderen Katzen in einem sozialen Milieu aufwachsen, sind später ihren Artgenossen gegenüber eher »sozio-positiv« eingestellt. Die Kätzchen, die ohne soziale Kontakte oder mit vorwiegend negativen Erfahrungen aufwachsen, tendieren dazu, Einzelgänger zu bleiben. Der chinesische Verhaltensforscher Zing-Yang Kuo hat schon in den 30er Jahren gezeigt, dass beispielsweise Jungkatzen, die zusammen mit Ratten im gleichen Käfig aufwuchsen, später andere Ratten als Gefährten und nicht als potenzielle Mahlzeiten behandelten. Und wir wissen, dass Jungkatzen auch mit Menschen sozialisiert werden können.

Die eingehendsten Untersuchungen der sensiblen Phase der Sozialisierung junger Katzen mit Menschen hat meine Kollegin Eileen Karsh in Philadelphia durchgeführt. Nach langjährigen Versuchen, in deren Verlauf viele Jungkatzen verschiedenen Alters unterschiedlich lange gestreichelt, auf dem Schoß eines Mitarbeiters beschäftigt und später auf ihr Verhalten gegenüber anderen Menschen getestet wurden, hat sie Folgendes festgestellt:

Bei Jungkatzen fällt die sensible Phase der Sozialisierung mit Menschen zwischen die zweiten und siebten Lebenswoche. Katzen, die in diesem Alter viel gestreichelt werden und Kontakte mit verschiedenen Menschen haben, entwickeln sich zu menschenfreundlichen und zutraulichen Tieren; ohne den Kontakt während dieser Phase bleiben die Tiere zumindest den meisten Menschen gegenüber scheu oder sogar ängstlich. Verschiedene Forscher, darunter Podberscek, Cook und Bradshaw haben inzwi-

Positive Bekanntschaften in frühster Jugend ergeben oftmals eine lebenslange Freundschaft.

schen festgestellt, dass die Persönlichkeitstypen, die bei der Früh-
sozialisation geformt wurden, bis ins Erwachsenen-Alter relativ
konstant bleiben.

Wir sehen (auch in der Abbildung *unten*) also gewisse Parallelen
zwischen der Einstellung zu Artgenossen und der zu Menschen, je
nach den Erfahrungen, die eine Jungkatze früh in ihrem Leben
gemacht hat. Es stellt sich nun die Frage, ob Katzen, die mit Menschen sozialisiert wurden, sich ihren Artgenossen gegenüber ebenfalls sozial verhalten, oder ob Mensch und Artgenosse als Konkurrenten um die »Aufmerksamkeit« des Jungtiers zu betrachten
sind. Meine damalige Diplomandin Annelies Hediger konnte feststellen, dass die Sozialisierung mit Menschen und Artgenossen
unabhängig voneinander und parallel zueinander verlaufen (können).

Dieses Bild zeigt eine negative Erfahrung der Jungkatze mit einer erwachsene Katze (was zu einer Einzelgänger-Katze führen kann).

▶ Ähnlichkeiten in der Haltung gegenüber Menschen und Artgenossen im Verhältnis zu frühen Erfahrungen mit beiden		
Haltung gegenüber:	**Mit viel Frühkontakt**	**Mit wenig Früh-Kontakt**
Menschen	zutraulich, freundlich	scheu, ängstlich
Artgenossen	sozialer Typ	Einzelgänger-Typ

Es besteht also kein Grund, Jungkatzen früher von ihren Müttern wegzunehmen. Im Gegenteil sprechen einige Gründe dafür,
sie länger bei ihnen zu lassen: Obwohl die Entwöhnung – die Umstellung auf feste Nahrung – meistens bis zur 8. Lebenswoche abgeschlossen ist, können die Jungtiere immer noch viel Nützliches
von ihren Müttern und Geschwistern lernen. Weitere Untersuchungen zeigen, dass die Kleinen ebenfalls fähig sind, ihre Früherfahrungen mit einem oder mehreren Menschen zu verallgemeinern und auf andere Menschen, einschließlich der späteren Halter,
zu übertragen. Nach unserem heutigen Wissensstand wird eine
Jungkatze, die früh von der Mutter entfernt wird, nicht anhänglicher als ein Tier, das in Anwesenheit der Mutter gleich viel Kontakt mit Menschen gehabt hat. Wie wir noch sehen werden, kann
die Anwesenheit des Muttertiers die erste Beziehung ihres Nach-
wuchses zu Menschen sogar fördern.

Weitere Einflüsse auf die Beziehung der Katze zum Menschen

Wie bereits berichtet, haben wir festgestellt, dass die Gene des Vatertieres bei jenen Verhaltensmustern eine Rolle spielen, die wir mit der »Freundlichkeit gegenüber Menschen« in Verbindung bringen. Es ist denkbar, dass sich ihr Einfluss nicht nur auf das Erkundungsverhalten, sondern z. B. auch auf die Entwicklungsgeschwindigkeit der Nachkommen und somit auch auf die sensible Phase der Sozialisierung auswirkt. Auf jeden Fall sind die Früherfahrungen einer Jungkatze mit Menschen für ihre späteren Beziehungen mindestens ebenso wichtig wie das Erbgut.

Das Muttertier leistet, wahrscheinlich auch im Hinblick auf deren spätere Beziehungen zu Menschen, für ihre Jungen aber mehr als der Vater. Meine ehemalige Diplomandin Heidi Rodel interpretierte ihre diesbezüglichen Daten etwa so: Die Anwesenheit der Mutterkatze in einer den Jungtieren vorerst fremden Umgebung baut deren Xenophobie (Angst vor dem Fremden) ab, wirkt vertrauensbildend und erlaubt ihnen, Neugierde zu zeigen; sie fangen an, ihre Umgebung zu erkunden. Wenn sich nun zunächst unbekannte Personen in dieser Umgebung aufhalten, werden sie auch von den durch die Anwesenheit der Mutter beruhigten, neugierigen Jungtieren »beschnuppert« und mit der Zeit zu bekannten und vertrauten Wesen.

Außerdem vermute ich, dass die jungen Kätzchen einer menschenscheuen Mutter ebenfalls relativ scheu bleiben dürften, weil zum einen die Anwesenheit dieser Mutter in der Gegenwart einer fremden Person das Kätzchen nicht beruhigt, sondern eventuell sogar beunruhigt, und zum ande-

Füttern ist ein gutes Mittel zum Zweck, wenn Sie in der Beliebtheitsskala Ihrer Katze noch ein wenig steigen wollen.

ren solche Mütter dazu neigen, ihre Nester zu verstecken, was zu verspäteten Erstkontakten mit Menschen, die vielleicht erst nach Ablauf der sensiblen Phase der Sozialisierung stattfinden, führen könnte.

Aber auch die Fütterung der Katze (nicht unbedingt die Art des Futters, sondern die Handlung als solche) beeinflusst ihre Interaktionen mit Menschen. Karin Stammbach-Geering aus meiner Arbeitsgruppe konnte zeigen, dass ein zunächst nicht weiter beachteter Interaktionspartner vorübergehend zum bevorzugten Partner avancierte, nachdem er begonnen hatte, die Tiere zu füttern. Diese statistisch gesicherte Bevorzugung des Fütterers verschwand aber mit der Zeit, wahrscheinlich weil die beiden Versuchspersonen sonst nicht mit den Tieren interagieren durften. Seien Sie also beruhigt: Die Liebe der Katze geht nur zum Teil durch ihren Magen! Trotzdem ein Tipp für Familienmitglieder, die sich mehr Aufmerksamkeit seitens ihrer Katze wünschen, zumindest so viel, wie sie der Hausfrau / dem Hausmann schenken:

▶ WER DARF HEUTE FÜTTERN?

Versuchen Sie mehrere Tage hintereinander, das Futter für ihre Katze selbst vorzubereiten und ihr hinzustellen (falls ihr/e Partner/in das erlaubt). Sobald Sie (und ihr/e Partner/in) bemerken, dass es funktioniert und die Katze darauf reagiert, können Sie abwechselnd diese wirklich dankbare Arbeit ausführen.

Schließlich beeinflussen auch die späteren Erfahrungen, die eine Katze nach dem Ende ihrer sensiblen Phase mit verschiedenen Personen macht, ihre Beziehung zum Menschen. Allerdings vermute ich, dass diese Wirkung davon abhängt, wie die anfängliche Sozialisierung verlaufen ist: Eine Katze, die während der sensiblen Phase wirklich auch mit Menschen sozialisiert wurde, braucht nur wenige positive Erfahrungen mit anderen Personen, um ihre Zutraulichkeit zu bestätigen und verkraftet auch einige negative Erfahrungen; hingegen benötigt ein nicht sozialisiertes Tier extrem viele positive Erfahrungen, um die Scheu zu verlieren, es verkraftet aber so gut wie keine negativen Erfahrungen. Viele Tierheimleiter werden dies bestätigen können.

Vor einigen Jahren hat mein Diplomand Hansjörg Maron die Umplatzierung von erwachsenen (3,5-jährigen, alle gegenüber Menschen gut sozialisierten, kastrierten) Katern und Katzen aus unserer damaligen Universitätskolonie in Privathaushalten während fünf Monaten ethologisch beobachtet. Obwohl die größten Veränderungen im Verhalten im Verlauf der ersten zwei Wochen in der neuen Umgebung registriert wurden, setzten sich diese über die nachfolgenden Monate weiterhin fort – wenn auch nicht so dramatisch. Diejenigen Katzen, die anfänglich wenig oder gar kein Sozialverhalten gezeigt hatten, erhöhten ihre soziale Aktivität, während sich diese Aktivität bei den Tieren, die am Anfang überdurchschnittlich sozial aktiv waren, mit der Zeit absenkte. »Liegen« und »Schlafen« an *ungeschützten* Stellen in der Wohnung

Ein gemütlicher Schlafplatz in vertrauensvoller Umgebung

nahm zu, währenddessen »Sich verstecken« (z.B. unter dem Bett) abnahm. Interessanterweise nahm die soziale Aktivität der beobachteten Hausfrauen mit der Katze, während der fünf Monate ab. Anscheinend haben die beiden Partner ihr Verhalten an die neu entstandene Situation und an die neue Beziehung zum Partner entsprechend angepasst.

Sicherlich werden wir in Zukunft weitere Faktoren entdecken, die sich auf die Beziehung der Katze zum Menschen auswirken; einige Faktoren, die darauf jedoch keinen Einfluss haben, verdienen jedoch Erwähnung. Claudia Mertens und ich konnten nachweisen, dass das Geschlecht der Katze und, mit einer Ausnahme, auch der Personentyp (Mann, Frau, Junge oder Mädchen) wenig bis keinen Einfluss auf das *spontane* Verhalten des Tieres während Erstbegegnungen haben. Die Katze hat zunächst keine Vorliebe für und keine Abneigung gegen das eine oder andere Geschlecht oder Alter. Unterschiedliches Verhalten gegenüber Frauen und Männer, Erwachsene und Kinder, zeigt sie erst als Reaktion auf unterschiedliches menschliches Verhalten (siehe Kapitel 13). Bezüglich des fehlenden Einflusses des Geschlechts der Katze auf ihr Verhalten uns gegenüber muss ich allerdings erwähnen, dass fast alle unsere Beobachtungen an kastrierten Tieren (sowohl in der damaligen Uni-Kolonie als auch in Privathaushalten) durchgeführt wurden; sie lassen sich aber trotzdem verallgemeinern insofern, die Mehrheit der heutigen Hauskatzen ebenfalls kastriert ist.

In weiteren Untersuchungen in Privathaushalten haben wir festgestellt, dass Katzen, die ausschließlich in der Wohnung gehalten werden, etwa 8 % mehr Zeit in sozialen Interaktionen mit ihren Halter(innen) verbringen, als Katzen mit Auslauf, dies natürlich korrigiert auf die unterschiedliche Zeit, die von der Katze zu Hause verbracht wird (d.h. pro Zeiteinheit gemeinsamer Anwesenheit). Dies ist auf die Initiative der Stubenkatzen und nicht deren Halterinnen zurückzuführen, was die Bedeutung des menschlichen Partners für diese Katzen, die in »reizärmeren«, vor allem weniger abwechslungsreichen Umgebungen leben, unterstreicht. Ebenfalls interagieren einzeln gehaltene Katzen sozial mehr (10 %) mit ihren Halter(innen) als die Katzen in Mehrkatzen-Haushalten; doch dies ist, wie wir in Kapitel 13 sehen werden, wahrscheinlich auf unbewusste Unterschiede im menschlichen Verhalten gegenüber einzeln gehaltenen Katzen und den Tieren in Katzengruppen zurückzuführen.

Ist die Katze mehr an einen Ort oder an ihren Halter gebunden?

Diese Frage ist aus verschiedenen Gründen sehr schwer zu beantworten, nicht zuletzt deswegen, weil die Antwort von Fall zu Fall anders ausfallen kann. Meistens führen Personen, die diese Frage stellen, die vielen Berichte, denen zufolge Katzen nach dem Umzug ihrer Halter den Weg zum früheren Heim zurückfinden, als Beweise für Ortsgebundenheit an. Auch wenn wir die Fälle von Katzen, die *zu früh* ins Freie gelassen wurden – d.h. noch bevor sie sich in der neuen Wohnung heimisch fühlen konnten – , außer Acht lassen, ist nicht zu leugnen, dass Katzen seit ihrer Domestikation immer ortstreue Tiere waren und auch heute noch sind. Andererseits dürfen wir nicht vergessen, dass verschiedene Aspekte mit dem Komplex »Ort« verbunden sind: das Futter (auch das von liebevollen Nachbarn verabreichte), die menschliche Gesellschaft (wieder die lieben Nachbarn) und die jeweilige Katzengesellschaft, in die ein Tier integriert ist. Ich kenne auch Fälle von Katzen, die (wenn auch nicht allzu weit) weggegeben wurden und ihren Weg zum ursprünglichen Heim zurückfanden. Ist das Orts- oder Personengebundenheit? Aber ich kenne ein Hundertfaches an Fällen, in denen Halter mit ihren Katzen erfolgreich umgezogen sind, dazu auch einige Fälle, in denen die Katzen *freiwillig* den Ort gewechselt und sich einen neuen Halter (oder zumindest Haushalt) gesucht haben. Solche Beispiele deuten zumindest auf eine stärkere Bindung an Menschen als an Orte.

Und es gibt hierfür weitere Anhaltspunkte: Claudia Mertens und ich stellten fest, dass Katzen viel häufiger ihren Kopf an Menschen reiben, die sie kennen und denen sie vertrauen. Gill Kerby und David Macdonald fanden heraus, dass Katzen des gleichen Hofes sich relativ häufig gegenseitig am Kopf reiben, vor allem die Katzen, die sehr gute Beziehungen zueinander haben. Da alle Katzen Drüsen an Gesicht und Kopf haben (siehe Kapitel 3), aber nur die Katzen des gleichen Hofes in relativ häufigem Kontakt miteinander stehen, vermuten wir einen der Gruppe eigenen Geruch auf den Köpfen dieser Tiere. Wenn diese Vermutung zutrifft, bedeutet das Kopfreiben am menschlichen Partner nicht nur eine Gebärde der Zuneigung; durch Kopfmarkieren zeigt die Katze dann nämlich auch, dass wir zur gleichen Gruppe gehören! Und das wäre wirklich ein Zeichen der Verbundenheit mit dem Halter.

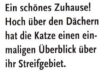

Ein schönes Zuhause! Hoch über den Dächern hat die Katze einen einmaligen Überblick über ihr Streifgebiet.

Die Moral dieser Geschichte: Wenn Sie umziehen und es die Umstände am neuen Wohnort erlauben, so nehmen Sie Ihre Katze mit! Sie ist wahrscheinlich stärker an Sie als an Ihren alten Wohnort gebunden. Aber geben Sie der Katze genügend Zeit (mindestens zwei Wochen), um sich an die neue Wohnung zu gewöhnen, bevor Sie sie hinauslassen! Wenn Sie die Katze nicht mitnehmen können, so fragen Sie einen lieben Nachbarn, ob er nicht dem Tier ein neues Zuhause geben möchte.

Aber bitte nicht einfach die Katze zurücklassen oder aussetzen! Sie würde vielleicht die vielen Gefahren überstehen, doch sehr viele ihrem Schicksal überlassene Tiere finden ein qualvolles Ende.

13. Die Beziehung des Menschen zur Katze

Die Heimtierhaltung ist ein ernst zu nehmender Erziehungsfaktor. Sie nimmt in dem Maße an Bedeutung zu, in dem sich eine verstädterte Menschheit der Natur entfremdet.

Konrad Lorenz

Es heißt immer wieder, dass Katzen »Frauentiere« seien! Tatsächlich wurden sie seit dem Beginn ihres Zusammenlebens mit den Menschen mit Frauen und Weiblichkeit assoziiert. Was steckt hinter dieser Behauptung? Wie immer etwas Wahres, und auch nicht! Seit gut zwanzig Jahren beobachtet mein Team von EthologInnen, TierpsychologInnen und in jüngster Zeit PsychologInnen und TherapeutInnen, Interaktionen zwischen Hauskatzen und Menschen und zwar in den verschiedensten Umgebungen. Unsere Beobachtungen helfen diese Frage zu klären:

Wie schon im letzten Kapitel erwähnt: Vom Durchschnittstier aus betrachtet wissen wir, dass die Katze an und für sich *keinen bevorzugten Partner* hat. Ihr wäre es gleich, ob es Frau, Mann, Junge oder Mädchen ist – gemessen an ihrem spontanen Verhalten gegenüber Personen, die sich ihr gegenüber neutral verhalten. Allerdings bestehen normalerweise noch einige Unterschiede im

Zwei, die sich gut verstehen.

menschlichen Verhalten je nach Alter und Geschlecht und diese beeinflussen dann das interaktive Verhalten der Katze.

Frauen und Mädchen interagieren häufiger als Männer auf dem Boden (gleiche Höhe) mit den Katzen und sie reden auch häufiger mit den Tieren. Insgesamt interagieren die Katzen und Frauen mehr miteinander, was auch auf die Katzen in etablierten Beziehungen zurückzuführen ist, nicht aber auf unterschiedliche Anwesenheitszeit zuhause zwischen Frauen und Männer. Ebenfalls sprechen Frauen häufiger mit ihren Katzen als Männer, und die Katzen vokalisieren auch häufiger mit ihnen. Jedoch sind Männer, die eine Beziehung mit Katzen pflegen, ebenso erfolgreich bei der Kontakt-Initiation und dem Interagieren mit den Tieren wie Frauen – wenn sie das wollen!

Wenn man eine Gruppe von Menschen nach den wichtigsten Eigenschaften eines Hundes und nach denen einer Katze befragt, bekommt man ganz unterschiedliche Listen: Hunde sollen rationaler, kommunikativer, begreifbarer, gehorsamer, treuer und beschützender sein, während Katzen eher irrationaler, erotischer, schmusiger, zärtlicher, eigenwilliger, unabhängiger, ursprünglicher, eleganter, reaktionsschneller, beruhigender, lautloser, sauberer und billiger sein sollten (R. Bergler, pers. Mitt.) Obwohl dies nicht immer zutrifft, lässt es sich leicht vorstellen, weshalb im Volksmund Katzen als »Frauentiere« und Hunde als »Männertiere« gelten beziehungsweise galten. Heutzutage können aber auch Männer vermehrt ihre Gefühle zeigen; und ich vermute, dass ein Teil des enormen Aufstiegs der Popularität der Katze sich eben durch die »Emanzipation des Mannes« erklären lässt.

Trotzdem haben Gerulf Rieger und ich festgestellt, dass Katzen mehr Stimmungsbereiche von Frauen beeinflussen können als von Männern und zwar positiv. (Eine Ausnahme bildet die Gruppe von allein stehenden Männern, die relativ stark von ihren Katzen beeinflusst werden.) Katzenhalterinnen sind z. B. weniger introvertiert, weniger ängstlich und weniger deprimiert als ehemalige Katzenhalterinnen. Interessanterweise beeinflussen unsere Katzen nicht schon positive, sondern nur negative Stimmungen, d. h. anscheinend werden nur die negativen Stimmungen durch die Anwesenheit (und z. T. Interaktion mit) der Katze verbessert. Wir müssen aber betonen, dass die beobachteten und getesteten Personen völlig »normale« Katzenhalterinnen und -halter waren, die

Katzen als Co-Therapeuten

entweder alleine oder zusammen mit einem (menschlichen) Partner leben; ob es, bei einer schwer psychisch belasteten Person (z. B. einem klinisch depressiven Menschen), dieselben positiven Wirkungen der Anwesenheit einer Katze auf die Stimmungen gibt, muss noch untersucht werden.

Unsere Untersuchungen zeigen, dass *Kinder*, besonders die Jungen, eher direkt auf eine Katze zugehen – also selber den Kontakt mit der Katze etablieren (erzwingen) wollen – was in der Regel von den Tieren nicht geschätzt wird. Erwachsene rufen meistens die Katze zu sich und überlassen dem Tier das Annähern. Allerdings ist die Katze ohne weiteres dazu fähig, v. a. mit ihren Krallen eine zu grobe Behandlung durch Kleinkinder zurechtzuweisen. Sowohl Kind als auch Katze lernen einander durch verschiedene Interaktionen kennen, insbesondere durch Spielen und Streicheln, und mit der Zeit bildet sich eine starke Bindung zwischen beiden.

Die Auswirkungen der Haltung eines Heimtieres (v. a. Hunde und Katzen) auf die Entwicklung eines Kindes sind vom Wiener Psychologieprofessor Dr. G. Guttmann über Jahre hinweg untersucht worden. Kinder, die mit einem Tier aufwachsen, sind

Katzen und Kinder

anscheinend fähiger, die Körpersprache und Mimik eines Menschen (sog. non-verbale Kommunikationssignale) zu verstehen, als Kinder, die ohne Tiere aufwachsen; ebenfalls sind sie in der Regel sozial besser in der Gruppe integriert. Interessanterweise zeigen andere Studien, dass Menschen, die als Kinder eine Katze oder einen Hund zu Hause kannten, auch als Erwachsene Heimtiere halten – und am häufigsten die gleiche Tierart. Man fühlt sich offenbar vertraut mit dieser Art, kennt ihre Kommunikationssignale am besten.

Häufig wird behauptet, dass Katzen (und Hunde) ein Kinderersatz sind. Ich will nicht abstreiten, dass sie als solcher bei gewissen Leuten so fungieren können. Tatsächlich haben Karin Stammbach-Geering und ich festgestellt, dass je mehr Personen (einschließlich Kinder) ein Haushalt hat, desto schwächer die emotionale Bindung der Hausfrau zur Katze ist. Aber Zahlen belegen, dass durchaus die Mehrheit der Katzen (und Hunde) in *Familien* mit Kindern wohnen! Zudem fanden wir, dass es keinen Zusammenhang gibt zwischen der Menge an emotionaler Unterstützung, die eine Frau von Menschen in ihrem Beziehungsnetz erhält, und jener, die sie glaubt von ihrer Katze zu erhalten. Unsere Daten zeigen, dass Katzen kaum je ein Ersatz für eine Person sind, sondern eher eine *zusätzliche Quelle emotionaler Unterstützung*, besonders für jene Frauen in unserer Studie, die eine starke Bindung zu ihrer Katze haben. Ebenfalls haben wir zeigen können, dass die Stärke der emotionalen Bindung, die jemand zu seiner Katze hat, am stärksten *das Verhalten* zwischen den Mensch-Katze-Paaren beeinflusst. Weitere Daten lassen den Schluss zu, dass unsere Zuneigung zur Katze, positiv mit wie stark wir die Anhänglichkeit der Katze zu uns beurteilen, assoziiert ist.

> ### Beurteilung der Anhänglichkeit
>
> **Wir beurteilen die Anhänglichkeit unserer Katzen anhand folgender Faktoren:**
> - Wie oft sie in unserer Nähe ist;
> - ihrer Freude an Körperkontakt;
> - ihrer Voraussagbarkeit;
> - wie sauber- und stubenrein sie ist; und
> - wie »Menschen-ähnlich« sie ist!

Eine amerikanische Studie belegt, dass bei weitem die meisten Heimtierhalter ihre Tiere als vollwertige Familienmitglieder betrachten. Sie reden mit ihnen und sind davon überzeugt, dass vor allem die Katzen und Hunde fähig sind, sie nicht nur zu verstehen, sondern auch ihre momentanen Stimmungen abzulesen und entsprechend zu reagieren. Was im Tier vor sich geht, ist allerdings noch nicht belegt; wir können nur ihr Verhalten beobachten. In der oben erwähnten Studie zum Einfluss der Katze auf menschliche Stimmungen konnten wir nicht bestätigen, dass Katzen »auf Distanz« unterschiedlich auf die verschiedenen Stimmungen reagieren (z. B. sich häufiger deprimierten Menschen nähern). Sobald sie allerdings in der Nähe des Menschen sind (was auch vom menschlichen Partner aus gesteuert werden kann), reagieren sie auf solche Stimmungen ganz empfindlich und zeigen z. B. durch mehr »Flanken-Reiben« an ihrem menschlichen Partner.

Dass Katzen (und Hunde) als echte soziale Partner, echte Kumpanen, fungieren können, hat nichts mit einer abnormalen Zuneigung zu Tieren, respektive Abneigung zu Mitmenschen zu tun! Man sagt ja, der Mensch braucht manchmal nur ein »Ohr«, das zuhört, ohne unbedingt einen Kommentar darüber zu wollen. Katzen und Hunde sind in der Regel gute Zuhörer und reden nicht rein! Sowieso zeigen andere Untersuchungen, dass Heimtiere den zwischenmenschlichen Kontakt geradezu fördern, nicht hemmen.

Allerdings möchte ich behaupten, dass das Halten von unzähligen Katzen in einem Privathaushalt (oft durch allein stehende Frauen) nicht unbedingt ideal ist – weder für die Katzen noch für die zwischenmenschlichen Beziehungen. Meine eigenen Untersuchungen deuten darauf hin, dass solche Personen insgesamt viel Zeit für die Katzen aufwenden, sich aber weniger Zeit mit dem einzelnen Tier, d.h. pro Tier, beschäftigen, als Personen, die weniger Katzen halten. Wenn es Mensch-bezogene Katzen sind, ist dies nicht ideal, auch wenn sie, als soziale Katzen, viele Artgenossen haben. Ebenfalls konnte ich feststellen, dass allein lebende Frauen (eventuell auch Männer, die aber nicht in jener Studie erfasst wur-

Gespitzte Ohren und aufmerksamer Blick: Wenn das kein verständnisvoller Zuhörer ist...

den) im Durchschnitt etwas weniger bereit sind, die Interaktionswünsche der Katzen zu befriedigen als Frauen, die mit einem
(menschlichen) Partner leben.

Viele *betagte Menschen* halten Katzen oder würden solche gerne
halten, wenn es erlaubt wäre. Auch Alters- und Pflegeheimleiter
haben die positiven Wirkungen erkannt, die ein paar Stationskat-
zen auf ihre Heimbewohner (und ihr Personal) haben können –
vorausgesetzt, die Tiere werden art- und tiergerecht gehalten. Die
Alterspsychologen haben schon lange festgestellt, dass Heimtiere
erfolgreich gegen Apathie und Teilnahmslosigkeit wirken, über
traurige Ereignisse hinweghelfen, als Zeitgeber einen Tagesrhyth-
mus aufrechterhalten, zu körperlicher Betätigung animieren, und
die Stimmung oder Moral aufheitern können. Unsere vergleichenden Beobachtungen der Interaktionen und Beziehungen zwischen
Senioren (zu Hause) und ihren Katzen sowie jüngeren Erwachsenen und ihnen haben ergeben, dass es keine bedeutsamen Unterschiede in der Gesamtinteraktionszeit gibt, allerdings in der Struk-
tur und im Inhalt der Interaktionen: Jüngere Erwachsene haben
häufiger mit ihren Katzen interagiert (allerdings auch häufiger aus

Katzen vertreiben älteren Menschen oft die Einsamkeit und sind einfühlsame Lebenspartner.

größerer Entfernung, z. B. sie gerufen) als Senioren; aber diese habe sich länger mit den Katzen auseinandergesetzt, wenn eine Interaktion stattfand. Die Senioren waren »zufriedener« mit ihren jetzigen Katzen und akzeptierten sie – ihr Verhalten und ihre Eigenwilligkeit – besser als die jüngeren Erwachsenen, die eher eine Anpassung an ihre eigenen Lebensgewohnheiten und Wünsche geschätzt hätten.

Wenn ich überhaupt etwas in den letzten zwanzig Jahren über Katzen gelernt habe, ist es Folgendes: Katzen sind eigenwillige Lebewesen, die sich einerseits gerne in der Nähe des Menschen aufhalten, wenn sie mit ihm sozialisiert sind, andererseits die Menge an Kontakt zum Menschen selber bestimmen möchten.

Der Katzenhalter kann sich wohl seinem Tier nähern und z. B. physischen Kontakt mit ihm etablieren, aber die Katze bestimmt letzten Endes die gesamte Dauer des Kontakts (oder der Interaktion) in einer Beziehung. Das lässt uns glauben, dass wir erfolgreiche soziale Partner sind, auch wenn es nicht unbedingt stimmt! (Vielleicht ist das ein Grund, weshalb einige Leute Katzen als »falsche« Tiere einschätzen; doch ist es der Mensch, der seinen Erfolg falsch einschätzt, nicht die Katze.) Je mehr man der Katze die soziale Annäherung in der Beziehung überlässt, desto mehr Zeit insgesamt interagiert sie mit uns!

Hier bittet jemand um Einlass und um ein warmes Plätzchen gegen kalte Pfoten.

Ebenfalls habe ich festgestellt, dass Katzen und Menschen echte, *partnerschaftliche* Beziehungen, basierend auf Geben und Nehmen, aufbauen können. Dazu habe ich gemessen, inwieweit jeder der beiden Partner einer Beziehung, gewillt ist, die Interaktionswünsche des Partners zu erfüllen. Je höher die Bereitschaft des einen Partners ist, desto höher ist die Bereitschaft des anderen, zu anderen Zeitpunkten seine Interaktionswünsche zu erfüllen. Wenn wir Menschen weniger in die soziale Beziehung investieren wollen, akzeptiert das die Katze; allerdings investiert auch sie weniger, was uns in diesem Moment ebenfalls recht ist. Das ist

Vertrauensvolle Beziehung

eine mögliche Erklärung für die weltweite Popularität der Hauskatze; eine andere haben wir (d.h. K. Stammbach-Geering und ich) auch entdeckt:

Wir haben Katzenhalterinnen gebeten, die Eigenschaften ihrer Katze (echte und Wunschvorstellungen) zu werten und haben u.a. eine signifikante *negative* Assoziation zwischen den Eigenschaften »Unabhängigkeit« und »Ähnlichkeit zu Menschen« gefunden. Das

heißt: Personen, welche Katzen als sehr unabhängig betrachten, finden diese den Menschen *nicht* sehr ähnlich (die offenbar abhängig sind), aber auch Menschen, welche Katzen als abhängige Lebewesen einstufen, meinen, dass sie den Menschen sehr ähnlich sind. Unabhängigkeit und Abhängigkeit sind in der gleichen Tierart durch verschiedene Menschen verschieden beurteilt worden! Die geliebte Hauskatze bietet etwas für alle Menschen, auch wenn es nicht immer dasselbe ist. Und was bieten wir ihr?

Diese Frage wird in der Einheit »Artgerechte Haltung und Pflege« (Kapitel 15 bis 18) beantwortet, zumindest für den Idealfall. Aber vorerst betrachten wir einige Unterschiede im Verhalten und in den Beziehungen von reinrassigen Katzen im Vergleich zu domestizierten Mischlingen.

14. Unterschiede zwischen Katzenrassen

In der populären Literatur wird häufig über die Charakterunterschiede verschiedener Katzenrassen berichtet, obwohl kaum vergleichende, ethologische Studien darüber gemacht wurden. Allerdings sind die Charakterbeschreibungen verschiedener Autoren über Rassen meistens sehr ähnlich, v.a. wenn es sich um zwei der ältesten, immer noch weit verbreiteten und im Charakter weit auseinander liegenden Rassen handelt: die Perser (oder Langhaar) und die Siam. Mit folgendem Hintergedanken entschloss ich mich, diese zwei Rassen zusammen mit »gewöhnlichen« Hauskatzen in eine weitere Studie einzubeziehen: Wenn sich keine Verhaltensunterschiede zwischen solchen »Extrem«-Typen feststellen lassen, dann ist die Unterscheidung nach dem Charakter zwischen weniger »extremen« Typen wahrscheinlich nicht gerechtfertigt.

Siamkatzen gelten als interaktiv...

...Hauskatzen als unabhängig...

Wie in früheren Studien wurden per Inserat in Zeitschriften und Zeitungen freiwillige Katzenhalter gesucht, die sich bereit erklärten, einem Beobachter tagsüber, drei Tage hintereinander, Zugang zu ihrer Wohnung zu gestatten. Wir arbeiteten mit einem stillen, elektronischen Datenerfassungsgerät, in welches die beobachteten Verhaltenselemente und Interaktionen direkt eingetippt und später auf den Großrechner der Universität übertragen wurden.

Relativ viele Unterschiede wurden zwischen den reinrassigen Katzen und den Hauskatzen festgestellt, jedoch weniger zwischen den Siam- und den Perserkatzen und zwar so gerichtet, wie auf Grund der Literatur postuliert wurde. Die Siamkatzen waren im Vergleich zu den Hauskatzen und den Perserkatzen zu einem größeren Anteil der gemeinsamen Präsenzzeit in Interaktionen mit dem Menschen involviert. Alle drei Typen interagierten gleich häufig mit den Menschen. Allerdings war die mittlere Dauer einer Interaktion bei Perser- und Siamkatzen länger als bei Hauskatzen, und sie tendierte bei Siamkatzen dazu, länger zu sein als bei Perserkatzen. Die Perser- und Siamkatzen verbrachten einen höheren Anteil ihrer Anwesenheitszeit in der nächsten Nähe des Menschen als die Hauskatzen. Aber die Siamkatzen verbrachten auch tendenziell einen höheren Anteil ihrer Anwesenheitszeit nahe beim Menschen als die Perserkatzen. Die Siamkatzen zeigten mehr soziales Spiel als die Perserkatzen und tendenziell auch mehr als die Hauskatzen. Die Katzenhalter streichelten die Siamkatzen mehr als die Hauskatzen und Perserkatzen. Und wie erwartet riefen die Siamkatzen auch häufiger als die ruhigen Perserkatzen und die Hauskatzen. Dann fragte ich mich, welcher Partner (Mensch oder Kat-

ze) für die gefundenen Unterschiede im interaktiven Verhalten zwischen Haus-, Siam- und Perserkatzen verantwortlich war. Wenn ich die »Intentionen zu interagieren« (Annäherungen, Rufen des Partners) zwischen Personen und Katzen – getrennt nach Katzenrassen, anschaute, stellte ich (nur) bei den Siamkatzen folgende Tendenz fest: Sie haben durch ihr eigenes Verhalten häufiger Interaktionen mit ihren Partnern ausgelöst als die anderen Rassen.

Wie in vielen unserer bisherigen Studien baten wir die HalterInnen das Verhalten und die Eigenschaften ihrer aktuellen Katze (und der »Idealkatze«) subjektiv – allerdings so, dass wir es quantitativ erfassen konnten – zu beurteilen. Der Vergleich der Beurteilungen für *Hauskatzen und Siamkatzen* ergab bei sieben Eigenschaften signifikante Unterschiede. Die Siamkatzen wurden höher bewertet für: Spielverhalten, Neugier, Freundlichkeit zu Fremden, physischer Nähe zur Person, Lautkommunikation und Anhänglichkeit der Katze zum Halter. Die Haus-

…und Perser als ruhig. – Sind das Vorurteile oder doch statistisch gesicherte Beobachtungen?

Spieglein, Spieglein an
der Wand

katzen erhielten eine höhere Bewertung gegenüber den Siamkatzen lediglich für Inaktivität. Der Vergleich der Beurteilungen für *Hauskatzen und Perserkatzen* ergab signifikante Unterschiede bei 10 Eigenschaften. Die Perserkatzen sind: öfters in der Nähe des Menschen, anhänglicher, öfters stubenrein, vokaler, wählerischer im Fressen, sauberer, von ihren Haltern mit mehr Zuneigung bedacht, freundlicher gegenüber fremden Personen, weniger problematisch bezüglich Harnspritzen, und voraussagbarer als die Hauskatzen – laut ihren Haltern.

Als ich die reinrassigen Tiere gemeinsam den Hauskatzen gegenüberstellte, kam ich unweigerlich zu dem Schluss, dass die Halter der reinrassigen Tiere ihre Katzen positiver bewerteten als die Halter der Hauskatzen. Entweder haben die Leute mit reinrassigen Katzen eine engere oder bessere Beziehung zu ihren Tieren oder eine positivere Grundeinstellung gegenüber den Rassetieren allgemein. Doch haben die Halter der verschiedenen Rassen ihre Bewertungen der Tiere absolut unabhängig voneinander gemacht. Zudem konnte ich mehrere dieser positiv beurteilten Merkmale mit den objektiven Verhaltensdaten bestätigen.

Es gab eine weitere Methode, um festzustellen, ob gewisse Unterschiede echt oder Artefakte auf Grund zweier ungleicher Wertungsskalen der Katzenhalter waren, indem man nur diejenigen Merkmale berücksichtigte, die KEINEN signifikanten Unterschied zwischen den Haltern der verschiedenen Rassen in den IDEALEN Werten aufwiesen. Wieder erhielten die reinrassigen Tiere in der Mehrheit der Eigenschaften positivere Bewertungen als die Hauskatzen. Eine Ausnahme war ihre Neigung zu wählerischem Fressverhalten. (Wahrscheinlich wurden die reinrassigen Tiere diesbezüglich von ihren HalterInnen etwas verwöhnt!) Interessanterweise waren die Tiere dieser seit relativ langer Zeit gezüchteten Rassen als »voraussagbarer« und weniger »unabhängig« beurteilt worden, als die nicht nach Rassekriterien »gezüchteten« Hauskatzen.

Dann wurden die zwei »Extremrassen« direkt miteinander verglichen. Diese Analyse ergab *weniger* gesicherte Unterschiede, allerdings genau jene, die ich auf Grund der Literaturbeschreibungen erwartet hatte. Diese Eigenschaften wiesen keine signifikanten Unterschiede zwischen den idealen Werten auf, so dass sie nicht auf unterschiedliche Beurteilungsmaßstäbe zurückzuführen waren.

Abschließend kann man sagen:

1. Die Anzahl der gesicherten Unterschiede zwischen Hauskatzen und Siamkatzen respektive Hauskatzen und Perserkatzen,

2. die Richtung dieser Unterschiede zwischen Haus- und Rassekatzen und

3. die kleine Anzahl von Unterschieden zwischen den beiden »Extremrassen« sind Hinweise darauf, dass zwischen Siam- und Perserkatzen trotz der Beschreibungen von großen »Charakterunterschieden« bezüglich Verhalten eine konvergente, wenn auch künstliche Selektion stattgefunden hat, und zwar in Richtung von menschenfreundlicheren, interaktiveren Tieren. Doch die »gewöhnliche« Hauskatze hatte die Nase immer vorn bei der Eigenschaft »Unabhängigkeit«, und genau das ist es, was viele Katzenliebhaber schätzen an dieser Tierart!

Sie macht, was sie will: In Punkto Unabhängigkeit liegt die Hauskatze ganz vorne.

Artgerechte Haltung und Pflege

15. Die Auswahl einer neuen Katze

> *Von Katzen hörtest du mancherlei,*
> *Drum dieses dir hiermit gesaget sei:*
> *Der Katzen Charakter voll zu verstehn,*
> *Bedarf's keines Deuters. Du hast gesehn*
> *Und gelernt, dass gemeiniglich*
> *Die Katzen genau sind wie du und ich,*
> *Dass wie die anderen Leute sie sind*
> *Sei'n diese auch immer wes Geistes Kind.*
>
> T.S. Eliot, Old Possums Katzenbuch

Ich möchte im Folgenden das, was Sie bisher über die verschiedenen Typen von Katzen gehört haben, unter einem neuen Aspekt betrachten, wenn es nun um die Auswahl einer neuen Katze geht. Es gibt verschiedene Punkte, über die sich jeder potenzielle Halter möglichst klar werden sollte, bevor er sich ein Tier anschafft. Am schwerwiegendsten und folgenreichsten ist für ihn die Entscheidung, sein Leben mit einem anders gearteten, eigenwilligen Wesen teilen und das »Natürliche« an diesem Wesen akzeptieren und respektieren zu wollen. Er muss sich überlegen, welche der in Frage kommenden Heimtierarten am besten zu ihm passt, und dazu benötigt er Kenntnisse über das natürliche Verhalten und die Bedürfnisse der jeweiligen Tierart. Außerdem muss er sich Rechenschaft darüber ablegen, ob er einer Katze wirklich ein gutes Zuhause bieten kann und bereit ist, für die nicht unwesentlichen Kosten (für Nahrung, diverse Utensilien, den Tierarzt usw.) aufzukommen. (Die Kapitel 16, 17 und 18 tragen hoffentlich etwas zur Klärung dieser Fragen bei). Ich setze nun voraus, dass der künftige Tierhalter diese Fragen bejaht hat und vor der Wahl einer neuen Katze (oder gar mehrerer) steht.

Leider wählen allzu viele Leute eine Katze nur auf Grund ihres Aussehens oder ihres Geschlechts aus (siehe weiter unten). Obwohl dem künftigen Halter die Farbe und das Muster des Felles sicherlich gefallen oder zumindest nicht zuwider sein sollten, müsste doch den Persönlichkeitsmerkmalen des Tieres wesentlich mehr

Beachtung geschenkt werden, denn diese »Charaktereigenschaften« werden die zukünftige Beziehung entscheidend prägen. Werden sie nicht ausreichend berücksichtigt, so erhöht sich die Wahrscheinlichkeit, dass es in der Beziehung zwischen Mensch und Katze zu ernsten Störungen kommt. Wenn wir nur an die zwei wichtigsten Persönlichkeitsmerkmale der Katzen denken – ihre Haltung gegenüber Menschen und ihre Haltung gegenüber Artgenossen – wird klar, warum dies so ist.

Ein Mensch, der sich eine anhängliche Schoßkatze erhofft, wird sehr unglücklich sein, wenn er seine Katze nicht

Die Auswahl der »richtigen« Katze

einmal auf den Arm nehmen kann, ohne gekratzt zu werden. Ein Mensch, der sich eher ein wildes, »naturnahes« Tier wünscht, wird ebenfalls unzufrieden sein, wenn ihm seine Katze immer nur um die Beine streicht. Sehr problematisch (siehe Kapitel 19 und 20) ist auch die gemeinsame Haltung von mehreren Einzelgängern sowie die Alleinhaltung eines sozial aufgewachsenen Tieres, vor allem dann, wenn die Katze tagsüber allein zu Hause bleiben muss. Vom menschlichen Standpunkt aus gesehen, ist die Katze sicher das ideale Heimtier für allein stehende, berufstätige Personen. Wichtig ist aber für die Katze, dass sie – je nach ihren Hauptcharakterzügen – entweder allein oder zusammen mit Artgenossen gehalten wird.

Bei der Auswahl einer neuen Katze (gleichgültig, ob sie noch jung oder bereits ausgewachsenen ist) muss man also vor allem auf ihre Grundeinstellung gegenüber Menschen und Artgenossen achten!

Hier ist ein Wort zu Gunsten vieler (nicht aber aller) Bauern angebracht. Zu oft meint man, dass Bauern ihre Katzen nicht genü-

gend pflegen oder überhaupt nicht auf sie achten. Zweifellos
kommt das vor, vielleicht sogar ziemlich oft. Aber wenn der Bauer
nicht den ganzen Tag mit seinen Katzen »schmust« oder in erster
Linie daran interessiert ist, einen guten Mäusefänger zu haben,
heißt das noch lange nicht, dass er seine Katzen sonst nicht
schätzt. Ich kenne viele Bauern, die ausgezeichnet für ihre Katzen
sorgen, und viele Bauernhofkatzen, die ausgezeichnet mit Menschen sozialisiert wurden. Da aber auch das Gegenteil vorkommt,
ist es wichtig, dass der künftige Halter sich genau über die Herkunft der Katzen informiert; und die weniger sorgsamen Bauern
sollten (wie in den Kapiteln 17 und 18) über die Nachteile einer
nachlässigen Katzenpflege aufgeklärt werden.

Die Grundeinstellung einer Katze gegenüber Menschen und
Artgenossen ist, obwohl äußerst wichtig, nicht die einzige Persön-
lichkeitseigenschaft, auf die man achten sollte. Claudia Mertens
und ich haben Anhaltspunkte dafür gefunden, dass man die menschenfreundlichen Tiere noch feiner differenzieren kann, und
zwar nach zwei (vielleicht voneinander unabhängigen) Kriterien.

Es gibt, wie wir bemerkten, »initiativ-freundliche« und »zurückhaltend-freundliche« Tiere; die beiden Gruppen – von an sich gleich anhänglichen Tieren – unterscheiden sich dadurch, dass die eine oft Kontakte oder Interaktionen initiiert, während die andere dies eher dem Menschen überlässt.

Außerdem gibt es Tiere, die mit »ihren« Menschen lieber spielen (z. B. »Katz und Maus«), und andere, die darauf weniger Wert legen, aber dafür häufig körperlichen Kontakt zu ihren Besitzern suchen; auch hier handelt es sich durchweg um menschenfreundliche Tiere. Diese beiden Typen sind etwas schwieriger im Voraus zu bestimmen, doch wenn man genügend Zeit und Geduld hat

Sind Katzen sozial aufgewachsen, ist es wünschenswert, wenn Sie ihr weiterhin einen Kumpel bieten könnten.

und abwartet, bis die Katzen ein wenig von ihrer natürlichen Scheu verlieren, kann man leichter herausfinden, ob die Initiative zu Kontakten mehrheitlich von ihnen ausgeht oder nicht. Dies ist auch sehr wichtig, wenn eine Katze in ein psychotherapeutisches Behandlungsprogramm (für Menschen) integriert werden soll. Die Zugehörigkeit zum Spiel- oder Kontakttypus ist aber vor allem bei Jungtieren schwierig zu bestimmen, da praktisch alle kleinen Kätzchen spielen und nur wenige bereit sind, länger auf dem Schoß zu bleiben.

Mir wird oft, vor allem von Bauern gesagt, dass Herbstkatzen, also Jungtiere, die im Spätsommer zur Welt kommen, eher kränk-

Eine freundliche, aber zurückhaltende Katze.   **Eine initiativ-freundliche Katze.**

lich sind und keine »guten« Katzen werden. Ich bezweifle nicht, dass auf Bauernhöfen von diesen Jungen ein größerer Teil eingeht als von den Frühlingskatzen, ganz einfach deshalb, weil sie – wie auch die Katzen, die völlig unabhängig vom Menschen leben – im Winterhalbjahr härteren klimatischen Bedingungen ausgesetzt sind. Aber ich kenne keinen stichhaltigen Beweis dafür, dass sie grundsätzlich weniger lebensfähig sind. Daher bin ich überzeugt, dass sie unter menschlicher Obhut genauso gute und gesunde Heimtiere werden wie die Frühlingskätzchen. Man hört und liest in der populären Presse immer wieder, dass man mit einer rein-rassigen Katze besser beraten ist als mit einem »Mischling«, weil zum einen ihr Charakter stabiler und verlässlicher vorauszusagen ist, und weil sie zum anderen besser als Wohnungskatze geeignet ist – sie kennt von der Zucht her nichts anderes. Dazu ist zu sagen, dass es bis heute nur die im letzten Kapitel erwähnte Rassenvergleichs-Studie gibt, welche gewisse Vorteile der reinrassigen Tiere,

Tierheimkatzen

Größere Katzen sind leichter einzuordnen, und ich möchte Sie in diesem Zusammenhang an die vielen, meist erwachsenen Katzen in den Tierheimen erinnern, die auf ein richtiges Zuhause warten: Ihre Persönlichkeitsmerkmale sind bereits gefestigt und, wie gesagt, leichter zu erkennen als die eines Jungtiers. Die ursprünglich mit Menschen sozialisierten Tiere unter diesen Katzen sind zweifellos fähig, eine Beziehung mit einem neuen Besitzer einzugehen.

aber auch der »gewöhnlichen« Hauskatze aufzeichnete. Jedoch ist festzuhalten, dass viele Züchter und Halter reinrassiger Tiere deren Rassenmerkmale ausgezeichnet kennen, und je mehr Übereinstimmungen zwischen den verschiedenen Beschreibungen des Charakters einer Rasse bestehen, desto höher ist die Wahrscheinlichkeit, dass die Aussagen stimmen. Es bleibt aber auch zu hoffen, dass in vielen Zuchtverbänden der neue Trend hin zur Anerkennung des Wertes der Hauskatze und weg von der Entwicklung extremer Rassen anhält; sonst müssten die Tierschutzorganisationen vermehrt eingreifen, um wenigstens die Zucht kaum lebensfähiger Rassen zu verhindern.

Wir haben gesehen, dass vieles an unseren Hauskatzen immer noch dem Naturell ihrer »wilden« Verwandten entspricht. Ich möchte jedoch weder als Katzenforscher noch als Katzenfreund

Charakterkopf mit eigenem Willen

ein zu sehr durch Zucht manipuliertes Wesen um mich haben. Denn schließlich ist die Individualität der Katze das, was die meisten Besitzer an diesen Heimtieren so hoch schätzen, und auch der Faktor, der ihr Verhalten in all unseren Studien am nachhaltigsten beeinflusst.

Da es sich bei der Katze um ein lernfähiges Lebewesen mit einer eigenen Persönlichkeit handelt, bleibt dem frisch gebackenen Halter einer Katze nichts anderes übrig, als häufig und in verschiedenen Situationen mit »seinem« Tier zu interagieren, um dessen Eigenarten kennen und respektieren zu lernen. Dies ist vielleicht die wichtigste Voraussetzung für eine harmonische Beziehung zwischen Mensch und Tier.

16. Wohnungs- oder Auslaufkatze

Der Rem Tem Trecker ist ein komischer Katz
Wenn er eine Ratz hat, dann will er 'nen Spatz.
Wenn er Fasan hat, möcht' er 'ne Wachtel
Hat er ein Haus; er will in die Schachtel
Sitzt er in der Schachtel, will er ein Haus.
Wenn er den Spatz hat, dann möcht er die Maus.

T.S. Eliot, Old Possums Katzenbuch

Es gibt kaum einen öffentlichen Vortrag, bei dem ich nicht in der anschließenden Diskussionsrunde gefragt werde: »Ist es nicht Tierquälerei, eine Katze immer nur in der Wohnung und ohne Auslauf im Freien zu halten?« Um meine vom jetzigen Stand unseres Wissens ausgehende Antwort gleich vorwegzunehmen: Wenn die Wohnungskatze von klein auf nur so gehalten wurde und wirklich die Möglichkeit hat, all ihre natürlichen Bedürfnisse zu befriedigen, ist es keine Tierquälerei. Dass aber – leider – nicht alle Wohnungskatzen die Möglichkeit haben, geht aus der Tatsache hervor, dass deutlich mehr Halter von Wohnungskatzenals von Freilaufkatzen sich über Verhaltensstörungen ihrer Tiere beklagen.

Die Grundbedürfnisse einer Katze

Was ist zu tun, damit eine Wohnungskatze ihre natürlichen Bedürfnisse befriedigen kann und nicht oder weniger unter Verhaltensstörungen leidet? Dies ist aus den Studien (halb) frei lebender
Katzen abzuleiten, ebenfalls aus den Erfahrungen der tierpsychologischen BeraterInnen, die erfolgreich durch Veränderungen der
Haltungsbedingungen ihrer Patienten, Verhaltensprobleme gelöst
haben.

Wir haben bereits gesehen, dass Katzen hinsichtlich ihrer
Raumansprüche sehr anpassungsfähig sind. Wir haben ebenfalls
erfahren, dass auch die kleinsten Streifgebiete von frei lebenden
Katzen oder Katzen mit Auslauf um einiges größer sind als die
meisten Einzimmerwohnungen in der Stadt. Allerdings dürfen wir
die Wohnqualität nicht einfach mit der Anzahl der Quadratmeter

**Verstehen sich die beiden
noch so gut: Als reine
Wohnungskatzen braucht
jede ihr eigenes Rück-
zugsgebiet.**

gleichsetzen; ohnehin fehlen noch wissenschaftliche Daten, um mit Sicherheit etwas über die minimalen Platzbedürfnisse einer Wohnungskatze aussagen zu können, dies im Gegensatz zu der Situation von Katzen in Gruppenhaltungen der Tierheime. Jedenfalls wissen wir, dass eine Katze Abwechslung, aber auch ein »Rückzugsgebiet« braucht, wo sie ungestört ist und sich nicht beobachtet fühlt. Eine Zweizimmer-Wohnung, in welcher alle Türen offen sind, ist deshalb als Minimum empfehlenswert.

Trotzdem müssen Sie irgendwie für Abwechslung sorgen. Hier stehen Ihnen verschiedene Möglichkeiten offen, die Sie einzeln, nacheinander oder miteinander ausprobieren können. An erster Stelle kommt natürlich die Anschaffung einer zweiten *geselligen* Katze (vorzugsweise eines Jungtiers; siehe dazu Kapitel 12 und 15), vor allem dann, wenn die Katze tagsüber allein bleiben muss. Wenn beide Tiere sozial disponiert sind, unterhalten sie sich prächtig; zudem brauchen zwei Tiere, wie wir in Kapitel 8 erfahren haben, wegen der ganz normalen Gebietsüberlappungen nicht unbedingt mehr Platz als eines. Wenn sie einmal nichts miteinander zu tun haben möchten, kann sich immer noch eines der beiden vorübergehend in das zweite Zimmer zurückziehen. Ob zwei Weibchen, zwei Männchen oder je ein Weibchen und ein Männchen einfacher miteinander zu halten sind, können wir nicht mit Sicherheit sagen, da es keine entsprechenden Untersuchungen gibt. Allerdings wissen wir aus den Freilandstudien, dass Weibchen des gleichen Primärheims sich relativ gut vertragen und Weibchen im Allgemeinen kleinere Streifgebiete haben als Kater (siehe aber auch Kapitel 19).

Falls Sie einen Einzelgänger zu Hause haben, können Sie seine Neugier stimulieren und seine Langweile reduzieren, indem Sie ihm etwas so Einfaches und Preiswertes wie eine neue Schachtel, am besten eine geschlossene mit einigen dunklen Löchern, zur Verfügung stellen. Haben Sie eine verspielte Katze, dann sollten Sie auch mit ihr spielen und sie nicht nur streicheln wollen. Die meisten Wohnungskatzen müssen ihren Jagdtrieb irgendwie und oft genug abreagieren. Dazu brauchen Sie jedoch keine teuren Spielzeuge zu kaufen, denn fast allen Katzen genügt ein von Ihnen bewegtes Objekt, z. B. ein Wollfaden, ein an einer Schnur gezogener Korken oder ein Papierball, den Sie werfen. Aber passen Sie auf, dass sie diese Spielobjekte nicht schlucken kann!

Cat watch – ein toller Aussichtsplatz

Katzen haben aber auch noch andere Grundbedürfnisse, die sie unbedingt befriedigen können müssen – auch in der Wohnung, wenn es nicht anders geht (zum Teil werden diese Bedürfnisse in späteren Kapiteln ausführlicher behandelt). Wohnungskatzen sind im Hinblick auf Futter und Wasser völlig von ihrem Halter abhängig (Kapitel 17); sie müssen Kot und Harn irgendwo artgerecht loswerden und zuscharren können (Kapitel 19); sie müssen ihre Krallen an einem geeigneten Baumersatz wetzen können und damit wahrscheinlich auch ihre Dominanz zeigen (Kapitel 20), und ihnen sollten schließlich auch genügend erhöhte Sitz- oder Liegeplätze zur Verfügung stehen. Katzen halten gerne von solchen Plätzen, auch Fenstersimsen »Ausschau« und sitzen, liegen oder schlafen oft gerne in der Sonne. Als Schlafplatz, »Bett« oder »Nest« brauchen sie wenig: Es genügt eine Holzkiste oder ein Korb mit einem alten Tuch, oft sogar nur ein Tuch. Und Sie dürfen sich nicht ärgern, wenn Ihre Katze ein sehr teures »Katzenbettchen« einfach ignoriert; diese Dinger sind ohnehin eher für das menschliche Auge als für den Schlaf der Katze bestimmt. Ihre Katze wird sich schon den für sie geeignetsten Ort als Schlafplatz suchen; lassen Sie ihr freie Wahl, doch lassen Sie sie nicht in Ihr eigenes Bett (siehe Kapitel 18).

Auslauf: Pro und Contra

Hauskatzen mit freiem Auslauf können all ihre Grundbedürfnisse ohne menschliches Zutun befriedigen. Dennoch gibt es Leute, die ihnen den Auslauf am liebsten nicht gestatten würden oder ihre eigenen Katzen nicht ins Freie lassen, und zwar hauptsächlich aus den folgenden Gründen:

▸ Katzen gefährden den einheimischen Vogelbestand. Wie wir in Kapitel 10 gesehen haben, trifft dies auf dem Festland einfach nicht zu.

▸ Katzen belasten die nachbarlichen Beziehungen durch das Koten ins Gartenbeet oder den Sandkasten, das Markieren mit Harn oder den zur Paarungszeit von ihnen verursachten Lärm. Grundsätzlich ist zu sagen, dass sie nur die Beziehungen zu solchen Nachbarn belasten können, die Katzen sowieso nicht schätzen,

Achtung!
Katzenkreuzung!

denn selten hört man davon, dass die Beziehungen zwischen Nachbarn, die beide Katzen besitzen, durch ihre Katzen übermäßig strapaziert wären. Die eben genannten Handlungen sind zwar Bestandteile des natürlichen Verhaltens der Katzen, doch können sich manche Personen dadurch gestört fühlen, obwohl allenfalls ihr ästhetisches Empfinden und gelegentlich ihr Schlaf, nicht aber ihre Gesundheit beeinträchtigt wird. (Ein Sandkasten für Kinder kann schließlich, wenn er nicht benutzt wird – während der Nacht – mit einem Gitter abgedeckt werden.) Ich frage mich manchmal, ob sich die gleichen Leute, die sich zweimal im Jahr über die Rufe der Katzen empören, auch durch die Glocken der weidenden Kühe oder die Kirchenglocken, die mindestens jede volle Stunde läuten, gestört fühlen, oder ob Personen, die an diesen natürlichen Handlungen der Katzen wirklich Anstoß nehmen, nicht überhaupt dazu neigen, alles Natürliche in dieser Welt zu verneinen?

▸ Katzen mit freiem Auslauf sind vielen Gefahren ausgesetzt. Das stimmt ohne Zweifel. Frei laufende Katzen werden im Durchschnitt nicht so alt wie Wohnungskatzen, die ohne weiteres zwanzig Jahre oder länger leben können. Das Durchschnittsalter frei laufender Katzen beträgt lediglich zwei bis drei Jahre; viele fallen dem Straßenverkehr, aber auch verschiedenen, für Katzen ansteckenden Krankheiten zum Opfer (siehe Kapitel 18). Sie können jedoch gegen die meisten für sie gefährlichen Krankheiten geimpft werden und mit etwas Glück auch lernen, den Straßenverkehr zu meiden – schließlich sind auch unsere Kinder solchen Gefahren ausgesetzt, und trotzdem müssen sie nicht ihr ganzes Leben lang zu Hause bleiben.

AUSLAUF

Falls Sie in der Nähe einer verkehrsreichen Straße wohnen, empfiehlt es sich, Ihre Katzen ohne Auslauf als reine Wohnungskatzen zu halten; doch müssen Sie dann bereit sein, für alle ihre Bedürfnisse aufzukommen. Eine Katze, die sich einmal an freien Auslauf gewöhnt hat, darf keinesfalls gezwungen werden, sich später mit dem Dasein als Wohnungskatze zu begnügen. Am besten suchen Sie sich Ihre zukünftige Wohnungskatze unter Jungtieren aus, die in einer Wohnung (oder bei einem Züchter) aufwachsen.

▶ Katzen mit Auslauf töten Tiere und bringen getötete Beute nach Hause. Wie in den Kapiteln 9 bis 11 dargestellt, gehört dies zum natürlichen Verhaltensmuster unserer Katzen. Es ist nicht einzusehen, weshalb Personen, die die »Natürlichkeit« dieser Tiere, ihre Selbstständigkeit und Eigenwilligkeit so sehr schätzen, nicht auch das ganz natürliche Verhalten eines Jägers akzeptieren können. Entweder akzeptieren wir die Katze als Ganzes oder gar nicht!

Auf der Pirsch. Wer Angst vor nach Hause gebrachten Mäusen hat, sollte sich überlegen, ob ein »Jäger« das richtige Haustier ist.

▶ Leute mit Auslaufkatzen können nicht so oft oder lange mit ihren Katzen interagieren, während Wohnungskatzen immer zur Verfügung stehen. Tatsächlich zeigte unsere Untersuchung, dass Frauen mit Auslaufkatzen ihre Tiere als »unabhängiger« beurteilten, als Frauen mit Stubenkatzen, und dies deckte sich mit dem jeweiligen Bild ihrer »Wunschkatze«. Die Frauen mit Stubenkatzen wünschten sich stärker als jene mit Auslaufkatzen, dass die Tiere häufiger in ihrer Nähe wären! Wie auch schon erwähnt, zeigen die Stubenkatzen mehr Interaktionen mit ihren Halterinnen als die Auslaufkatzen – pro Zeiteinheit Anwesenheit, was auf die Initiative der Katzen (nicht aber der Halterinnen) zurückzuführen war. Wir müssen aber zugeben, dass dieses Argument für die Wohnungshaltung und gegen den Auslauf sehr egoistisch ist und in erster Linie die Wünsche des Halters berücksichtigt.

Insgesamt sprechen eigentlich nur wenige wirklich stichhaltige Argumente gegen den freien Auslauf, aber auch nur wenige gegen Wohnungskatzen – vorausgesetzt, sie werden möglichst artgerecht gehalten. Ich ziehe es jedenfalls vor, meinen eigenen Hauskatzen freien Auslauf zu ermöglichen, obwohl wir auch gelegentlich ein Tier verlieren, was mir natürlich sehr weh tut. Aber wenigstens weiß ich mit Sicherheit, dass sie ihren Bedürfnissen entsprechend bis zu ihrem Tod leben konnten, mit uns interagierten, wenn *sie* es wollten, und ihnen im Übrigen die freie Natur mit allen ihren positiven und negativen Aspekten offen stand.

17. Das tägliche Brot

> *Der Rem Tem Trecker ist ein komischer Katz.*
> *Nur Widerstand, meint er, sei stets am Platz.*
> *Wenn du Hasen ihm bietest, verlangt er nach Fisch,*
> *Doch der bleibt dann stehen unter dem Tisch.*
> *Wenn du Sahne ihm gibst,*
> *ist's ein Sträuben und Strauben,*
> *Nur was er selbst findet, an das kann er glauben.*
>
> T.S. Eliot, Old Possums Katzenbuch

Eliot hatte insofern Recht, als Katzen in Bezug auf ihre Nahrung relativ wählerisch sind, wenn auch nicht so heikel, wie manche Halter meinen oder die Reklame für Katzenfutter uns Glauben machen will. In diesem Kapitel möchte ich einige Fakten präsentieren und einige meiner Überlegungen über Katzenfutter und Fütterung zum Ausdruck bringen. Fangen wir gleich mit einem ziemlich umstrittenen Thema an.

Mäuse – Essensreste – Dosennahrung – Trockenfutter

Mäuse (und sonstige Beutetiere). Unsere Katzen sind keine Brot-, sondern Fleischfresser; wenn sie allerdings Beutetiere verspeisen, nehmen sie nicht nur Muskelfleisch zu sich, sondern auch andere Nährstoffe und meistens auch den Mageninhalt des Beutetieres, der sich oft aus pflanzlichen Materialien zusammensetzt. Sie sind an sich aber keine Pflanzenfresser, und das Gras, das Katzen gelegentlich fressen, trägt wenig zu ihrer Ernährung bei, sondern hilft ihnen, im Magen befindliche Haarballen, die von der Fellpflege herstammen, zu erbrechen. Wie schon in Kapitel 9 erwähnt, beeinflusst die zusätzliche Fütterung das Jagdverhalten der Auslaufkatze kaum. Mein ehemaliger Diplomand Richard Mast konnte dies eindrücklich beweisen durch die reichliche, wochenweise Zugabe von Dosennahrung (die auch aufgenommen wurde) an Bauerhofkatzen in der Ostschweiz: Keine Veränderungen im Jagdverhalten in diesen Wochen gegenüber den Wochen

ohne zusätzliches Futter! Dass sie trotz der Fütterung immer noch »mausen«, heißt auch nicht, dass sie lieber Beute fressen würden. Das Jagen ist ein so fest verwurzelter Teil des Verhaltens unserer Katzen, dass sie immer noch auf die Jagd gehen, auch gleich nach dem Fressen. (Dies gilt auch für unsere Stubenkatzen, deren Jagdmotivation durch »Jagdspiele« befriedigt wird – und werden muss!)

Essensreste. Küchenreste wären ebenfalls recht und gut, wenn sie in einer dem Nährstoffbedarf der Katzen angemessenen Mischung gegeben würden. Aber Katzen sind nun einmal Fleischfresser, und oft werden eben hauptsächlich keine Fleischreste gefüttert, sondern eher Teigwaren, Reis und Gemüsereste, die zudem für Katzen falsch gewürzt sind. Als Ergänzung des Speisezettels und in beschränkten Mengen schaden diese Essensreste den Katzen sicher nicht, doch sollten sie nicht den Hauptbestandteil einer

Katzenmahlzeit ausmachen. (Auch wir geben unseren privaten Katzen gelegentlich Tischreste, die sie in der Regel mit Genuss verspeisen.) Ähnliche Überlegungen gelten auch für Frischfleisch aus der Metzgerei; obwohl für Katzen sicherlich gesünder als wahllos verabreichte, unausgewogene Essensreste, beinhaltet auch dieses Fleisch nicht alles, was frei laufende Katzen mit ihren Beutetieren aufnehmen, bzw. nicht in den gleichen Proportionen.

Dosennahrung. In den letzten Jahrzehnten hat die Verwendung von Dosennahrung (und Trockenfutter) sehr stark zugenommen, ebenfalls die Kritik daran. Die Gegenargumente konzentrieren sich auf drei Hauptpunkte, die ich zuerst erwähnen möchte:

▸ Die Art der Verpackung und die Beseitigung der leeren Dosen ist nicht umweltfreundlich. Jahrelang waren Weißblechdosen mit etwa 400 Gramm Vollnahrung, was in etwa dem täglichen Bedarf einer aktiven Stubenkatze von durchschnittlichem Gewicht entspricht, der Standard. Der Trend geht bei den heutigen Konsumenten in Richtung noch kleinerer Einzelmahlzeit-Aludosen oder -Beutel; jede Mahlzeit kann damit »frisch« aufgetischt werden und es entsteht weniger Verlust. Allerdings können und müssen die Konsumenten ihren Beitrag leisten und die Weißblech- und Aludosen nicht einfach in den Abfall werfen – sondern »recyclen«.

▸ Genannt wird die verwirrende Vielzahl verschiedener Sorten und Marken und die großen, mit Tiernahrung gefüllten Regale in den Supermärkten. Ich glaube, dass dies auf verschiedene Gründe zurückzuführen ist:

a) die freie Konkurrenz zwischen verschiedenen Herstellerfirmen, die durch unser westliches Wirtschaftssystem begünstigt und von den Konsumenten begrüßt wird;

b) die Fressgewohnheiten der meisten heutigen Hauskatzen, die wählerisch sind und mitunter etwas Abwechslung genießen (dazu gleich noch mehr); und

c) ganz einfach die große und immer noch steigende Popularität von Heimtieren in unserer Gesellschaft.

Ich frage immer wieder die Leute, die sich durch das vielfältige Angebot in den langen Regalen mit Heimtiernahrung gestört fühlen, ob sie je darauf geachtet haben, wie viele Wasch- und Putzmittel in den Regalen daneben zu finden sind; man kann hier die gleichen Gründe anführen.

▶ Die zum Teil unterernährten Menschen im eigenen Land und in den Drittweltländern. Ich behaupte, dass Heimtiere an sich kein Luxus sind! Sie geben uns Menschen viel mehr, als die meisten Leute vielleicht annehmen; sie werden auch in den »primitivsten« Kulturen und in den ärmsten Ländern gehalten, aber natürlich werden sie dort nicht mit Dosennahrung gefüttert. Obwohl die Nahrung mit einwandfreien Fleischkomponenten produziert wird, würden diese Komponenten keinen reißenden Absatz bei uns finden. Das Tierfutter erlaubt sogar eine umfassendere Ausnutzung des von uns produzierten Fleisches. Nun kann man dagegen immer noch einwenden, dass wir dann zu viel Fleisch produzieren und konsumieren. Das mag der Fall sein (vom Ernährungsbedarf her stimmt es ganz sicher), aber das Gleiche können wir über fast alles in unserem täglichen Leben sagen: über Kleider, Autos, Musik und Unterhaltung; ich sehe nun keinen stichhaltigen Grund, weshalb ausgerechnet die Heimtierhaltung und die Futtermittelindustrie als gesonderte Zielscheibe dieser Kritik dienen sollten.

Zum Inhalt der Dosen ist Folgendes zu sagen: Die meisten Hersteller von Katzennahrung richten sich nach den neuesten wissenschaftlichen Erkenntnissen über alle Nährstoffbedürfnisse dieser Tiere (z. B. nach dem Buch Nutrient Requirements of Cats, das vom U.S. National Research Council herausgegeben wurde) und streben eine ausgewogene, den Erfordernissen entsprechende Zusammensetzung des Futters an. Mir persönlich ist es gleich, welches Fleisch und welche Körperteile oder Abfälle dazu aufbereitet werden, solange die zuständigen Behörden und die verantwortlichen Lebensmittelkontrolleure es für tiergerecht erklären, es nicht zu viel und nicht zu wenig vom einen oder anderen Nährstoff beinhaltet und es meine Katzen gerne fressen. Ich füttere sie nicht nur gelegentlich mit Essensresten, sondern auch mit Vollnahrung aus Dosen oder Beutel.

Auch wenn sie regelmässig maust, schmeckt's dieser Katze!

Trockenfutter. Im Prinzip gilt das eben über Dosennahrung (besser Nassfutter) Gesagte in gleicher Weise für Trockenfutter, nur ist die Verpackung in der Regel umweltfreundlicher. Dafür gibt es aber einige zusätzliche Punkte, die erwähnt werden müssen: Trockenfutter ist eine äußerst konzentrierte Vollnahrung für Katzen, und die Anweisungen auf der Verpackung sollten, insbesondere was die Menge betrifft, nicht überschritten werden; sonst besteht die Gefahr, dass Sie Ihre Tiere buchstäblich überfüttern. Früher gab es bei der ausschließlichen Verwendung von Trockenfutter v. a. für Kater das Problem der Harnwegverstopfung (Feline Urinary Syndrom – FUS); doch heute werden die meisten Produkte speziell behandelt, so dass dies ursächlich keine große Rolle mehr spielt. Es gibt einige andere, positive Aspekte dieser Form von Katzennahrung. Zu erwähnen ist hier, dass bei Trockenfutter (wie auch bei Frischfleisch) ein stärkerer Einsatz der Kaumuskulatur und der Zähne nötig ist und dass es mehrere Stunden lang in gleicher Frische zur Verfügung steht. Letzteres darf nicht fälschlicherweise nur als »noch mehr Bequemlichkeit« für den Halter interpretiert werden, denn von ihrem natürlichen Beutefang- und Fressverhalten her gesehen, sind Katzen eher darauf eingerichtet, mehrere kleinere »Imbisse« (Mäuse) und nicht ein oder zwei üppige Mahlzeiten pro Tag zu sich zu nehmen. Andererseits dürfen wir auch nicht noch mehr Futter zur Verfügung stellen, nur damit der Futternapf den ganzen Tag über voll ist. Besser wäre es, einfach mehrere kleinere Portionen über den ganzen Tag zu verteilen, was zusätzlich die Interaktionszeit mit Ihrer Katze erhöhen könnte.

▶ TRINKGEWOHNHEITEN

Auf jeden Fall müssen Sie unbedingt immer für frisches Wasser sorgen, insbesondere wenn Sie konzentriertes Trockenfutter anbieten. Falls Ihre Katze nur selten trinkt, so stellen Sie den Wassernapf versuchsweise einmal in eine andere Ecke des Zimmers; in der freien Wildbahn trinken und fressen Katzen selten am gleichen Ort! Doch auch wenn Sie glauben, dass sie nie trinkt, ist es durchaus möglich, dass sie dies tut, wenn Sie nicht zuschauen; Auslaufkatzen trinken auch aus anderen Quellen.

Persönlich und zusammenfassend: Ich gebe meinen eigenen Katzen also gelegentlich Essensreste, ab und zu Frischfleisch aus der Metzgerei, etwa ein- bis zweimal pro Woche Trockenfutter und täglich Vollnahrung aus Dosen (die recycled werden) oder Beutel, wobei ich zwischen verschiedenen Sorten und Geschmacksrichtungen abwechsele – und das alles mit reinem Gewissen.

Die heikle Katze

Die domestizierte Katze ist nicht grundsätzlich heikel, was ihr Futter anbelangt. Sie hat in der Regel gern etwas Abwechslung; schließlich gibt es verschiedene Beutetierarten, die wahrscheinlich – das nehme ich jedenfalls an – auch unterschiedlich schmecken. Leider erziehen viele Besitzer ihre Katzen dazu, heikel zu sein! Sobald das Tier »die Nase rümpft«, rennen sie in den nächsten Laden, um eine andere Sorte zu kaufen und auszuprobieren. Falls das »Richtige« gefunden wurde, bleiben sie dabei, die Katze gewöhnt sich daran und schon haben wir wieder eine vermeintlich heikle Katze. Doch

»Ich nehme als Vorspeise Leberli…«

meine eigene Forschung hat ergeben, dass diejenigen Halter, die die (Interaktions-)Wünsche ihrer Katzen erfüllen, mit vermehrtem Sozialkontakt zu anderen Zeitpunkten von ihren Katzen »belohnt« werden! Wenn das bei der Fütterung der Katzen auch zutrifft, dann sollte es nicht überraschen, dass wir ihre Speisezettelwünsche auch erfüllen. Trotzdem rate ich den Haltern älterer Katzen, das einmal angebotene Futter etwas länger stehen zu lassen und mindestens zwei Tage hintereinander frisch zuzufüttern. Hunger war schon immer der beste Koch, und die meisten Katzen haben heutzutage durchaus genug Reserven.

Verschiedene Untersuchungen haben gezeigt, dass das Futter, das wir unseren Jungkatzen geben, ihre späteren Präferenzen beeinflusst. Deshalb rate ich allen Pflegern von Jungkatzen, die ihnen anvertrauten Tiere während und nach der Entwöhnung möglichst abwechslungsreich (mit verschiedenen Sorten und Typen von Katzennahrung) zu füttern; sie erweisen den zukünftigen Haltern damit einen großen Dienst!

Die dicke Katze

Überfütterung macht Katzen dick, und dicke Katzen können, ähnlich wie Menschen, gesundheitlichen Schaden nehmen. Auch wenn Ihre Katze Ihnen unablässig um die Beine streicht und bettelt, sollten Sie nicht nachgeben! Es gibt schon zu viele Katzen mit Übergewicht, das eine Folge der Nachgiebigkeit der Halter ist und nicht direkt mit der Hochwertigkeit der Nahrung oder der Kastration zusammenhängt (siehe Kapitel 19). Sie sollten vielleicht überlegen, ob Sie der Katze nicht lieber kleinere und besser über den Tag verteilte Portionen geben könnten.

Falls Ihre Katze freien Auslauf hat und trotz streng kontrollierter Diät zu viel zunimmt, so sprechen Sie doch einmal mit Ihren Nachbarn! Es ist durchaus möglich, dass auch sie Ihre Katze füttern. (Unser Caesar war ein solcher Fall; wir haben schließlich herausgefunden, dass dieser sehr beliebte Kater regelmäßig an drei bis vier Orten fraß!) Obwohl es die Nachbarn sicher gut meinen, sollte es dem Halter vorbehalten bleiben, seine eigene Katze zu füttern. Das gleiche gilt für das Füttern streunender Katzen, insbesondere wenn sie noch nicht kastriert wurden. (Diesen Fehler machen viele »Katzenliebhaber« während ihres Ausland-Urlaubs, allerdings bei abgemagerten Katzen.)

> **Streunende Katzen**
>
> Bevor Sie streunende Katzen füttern, müssen Sie sicher sein, dass sie wirklich niemandem gehören, und sich auch über die möglichen Konsequenzen klar sein. Falls Sie anfangen, herrenlose Tiere zu füttern, ist es sehr wahrscheinlich, dass Sie sie nicht mehr loswerden, auch wenn Sie ihnen nur aus Mitleid »vorübergehend« helfen wollten.

Das Futter der Bauernhofkatzen

Die meisten Bauernhofkatzen bekommen Milch, oft mit Brotstücken und Küchenresten. Daraus könnte man den Schluss ziehen, dass sie »falsch« ernährt werden. Wir dürfen aber nicht vergessen, dass diese Katzen im Freien leben und die meisten von ihnen natürlich auch Beutetiere – die »ausgewogenste« Nahrung – fangen und fressen. Andererseits füttern viele Bauern ihre Katzen absichtlich wenig, weil sie glauben, dass sie dann mehr Beutetiere fangen. Wie wir oben und in Kapitel 9 erfahren haben, ist die Jagdmotivation jedoch vom Hunger abgekoppelt und unabhängig; ausreichend gefütterte Katzen jagen, fangen und töten ebenso viele Beutetiere wie hungrige. Falls sie aber nicht genügend Futter bekommen und zudem auch nicht genügend Beute fangen können, verlieren sie ihre Kondition, und das könnte tatsächlich ihren Jagderfolg beeinträchtigen. Die Moral von der Geschichte für den Bauern lautet: Geben Sie den Katzen weiterhin das, was eben vorhanden ist, auch Fleischreste, aber füttern Sie genug! Somit bleiben auch die »guten Mauser« heimisch auf ihrem Hof und wandern nicht ab – zu einem Hof, wo sie besser gefüttert werden.

Was Milch angeht, ist zu sagen, dass Katzen Zucker schlecht vertragen (siehe Kapitel 5), einschließlich den Milchzucker Laktose. Doch die Darmflora von Bauernhofkatzen stellt sich offenbar auf die regelmäßige Zufütterung von Frischmilch ein, da nicht alle Hofkatzen Durchfall zeigen. Für andere Katzenhalter, die ihren Lieblingen Milch geben möchten, gibt es im Handel spezielle Katzenmilch, die sie bedenkenlos geben können. Aber vergessen Sie nicht: Milch ist ein flüssiges Nahrungsmittel und nicht Wasser, das sie unbedingt brauchen!

18. Gesundheitskontrolle

Auch wenn es im Volksmund heißt, Katzen hätten sieben oder gar neun Leben, sollten Sie alles dafür tun, dass Ihre Tiere heil durch ein Leben kommen, denn obwohl Katzen im Allgemeinen als relativ »zähe« Tiere gelten, gibt es doch einige Krankheiten, die zum Tod des Tieres führen können. Zum Glück sind heute gegen die meisten dieser Krankheiten Impfstoffe erhältlich, und es ist auch beruhigend zu wissen, dass nur verhältnismäßig wenige Katzenkrankheiten auf den Menschen übertragen werden können (die so genannten Zooanthroponosen). Eine Übertragung kommt auch nur sehr selten vor; insgesamt sollte man die Infektionsgefahr für den Menschen nicht überschätzen, vor allem wenn man die Grundregeln der Hygiene beachtet. Ich möchte jedoch vorausschicken, dass ich kein Tierarzt bin und dass das, was ich zu sagen habe, aus meinen Erfahrungen mit einer Reihe von Tierärzten stammt, die meine vielen Katzen – damals an der Universität und zu Hause – im Lauf vieler Jahre betreut haben. Natürlich ist Ihr privater Tierarzt jederzeit gerne bereit, Ihnen genauere Auskünfte zu geben und Ihnen und Ihrem Tier behilflich zu sein. Ich bitte die Tierärzte, die dieses Kapitel lesen und die Darstellung für »zu sehr vereinfacht« halten, um Entschuldigung; auch ich muss mit einigen Ihrer Kollegen, die sich zur Ethologie unserer Heimtierarten äußern, ohne auf diesem Gebiet speziell geschult zu sein, immer wieder Nachsicht üben. Mir geht es hier nur um einen kurzen Überblick über die häufigsten und/oder gefährlichsten Gesundheitsprobleme bei Katzen, damit Sie darauf vorbereitet sind, Ihre Tiere vorbeugend vom Tierarzt behandeln zu lassen. Die Empfehlungen gelten wegen des wahrscheinlich häufigeren Kontakts mit anderen Tieren insbesondere für Hauskatzen mit freiem Auslauf.

Impfungen gegen sehr gefährliche Krankheiten

Katzenseuche (Panleukopenie)/Katzenschnupfen. Alle Jungkatzen sollten (jedoch frühestens im Alter von acht Wochen) gegen die ziemlich häufig auftretende Katzenseuche, eine für Katzen verheerende Krankheit, die meist mit einem qualvollen Tod endet, geimpft werden. Bald nach der ersten Impfung verabreicht man eine weitere Dosis des Serums; später sollte dieser Impfschutz durch eine jährliche Nachimpfung sichergestellt werden. Die wichtigsten Symptome dieser Viruserkrankung des Verdauungstrakts sind: extrem passives Verhalten, Verweigern der Nahrung, Ausfluss aus Augen und Nase, oft vermehrter Speichelfluss, Fieber, Gewichtsverlust und manchmal auch häufiges Erbrechen und Durchfall. (Auch ältere Katzen können neu geimpft werden – falls Sie nicht sicher sind, ob Ihre Katze je geimpft wurde.) Die meisten gängigen Präparate schützen gleichzeitig auch gegen den Katzen-

Der Tierarzt, dein Freund und Helfer

schnupfen, eine weitere Viruserkrankung, die für Katzen ebenfalls äußerst ansteckend, jedoch weniger gefährlich als die Seuche ist. Die Symptome ähneln denen der Seuche, aber hinzu kommt häufiges Niesen, manchmal auch Husten. Falls sich eine Katze trotz Impfung »erkältet«, ist der Krankheitsverlauf meistens kürzer und unproblematischer als ohne diesen Impfschutz.

Tollwut. Tollwut ist eine für viele Tiere und auch für den Menschen tödlich verlaufende Viruskrankheit. Der Virus kann unter anderem durch Biss- und Kratzwunden übertragen werden. Es könnte beispielsweise sein, dass die Katze mit einem infizierten Wildtier (häufig handelt es sich um Füchse) streitet und von ihm gebissen wird, dann nach Hause kommt und den Virus unbemerkt auf ein Mitglied der Familie überträgt. Falls die Behandlung der Infektion nicht früh genug eingeleitet wird, sind die Überlebenschancen für den Menschen gleich null! Zum Glück finden solche Zwischenfälle heutzutage äußerst selten statt, da die Tollwut in vielen Ländern dank regelmäßiger Impfkampagnen und genauer Überwachung der Meldungen unter Kontrolle ist. Sie müssen selbst entscheiden, ob sie Ihrer Katze diese hundertprozentig wirksame Impfung verabreichen lassen wollen; ich halte sie für unerlässlich, wenn sich das Primärheim der Auslaufkatze in der Nähe eines Waldes befindet – also nur einige hundert Meter vom Waldrand entfernt ist, auf jeden Fall dann, wenn es innerhalb eines »Tollwut-Sperrgebiets« oder in dessen Nähe liegt. Meistens wird diese Impfung auch für den Grenzübergang in ein zweites Land verlangt (Impfpass!).

FeLV (feliner Leukämievirus)/Katzenleukämie/Leukose. Etwa drei Prozent aller frei laufenden Katzen sind mit diesem für Menschen ungefährlichen Virus infiziert, der für verschiedene Krankheiten verantwortlich ist, darunter auch die Leukämie (auch Leukose genannt), eine krebsartige Erkrankung der Zellen des Abwehrsystems. Aber häufiger sterben die FeLV-infizierten Katzen an Blutarmut und Schwäche des Immunsystems; diese Immunschwäche macht – ähnlich wie die durch den HIV-Virus bei Menschen verursachte – das Tier für andere infektiöse Katzenkrankheiten (die dann tödlich sind) anfällig. Es handelt sich hierbei aber nicht um den gleichen Virus, der bei Menschen AIDS erregt, sondern um einen – nach dem heutigen Stand der Forschung zu urteilen – für den Katzenbesitzer harmlosen Virus! Forscher studieren den Verlauf und die Epidemiologie der Katzen-FeLV lediglich als *Modell* für weitere Untersuchungen der AIDS-Erkrankung bei Menschen. Seit einigen Jahren gibt es nun eine Schutzimpfung für Katzen. Vor einer solchen Impfung muss man an dem Tier eine Blutuntersuchung vornehmen, um sicher zu sein, dass es nicht schon infiziert ist. Soziale Katzen, die FeLV positiv getestet wurden, sollten eigentlich keinen Auslauf mehr haben, da sie ihre Artgenossen anstecken können. Sprechen Sie am besten mit Ihrem Tierarzt darüber und befolgen Sie seinen Rat, denn er wird immer die aktuellsten Informationen zur Verfügung haben.

FIP (»feline« infektiöse Peritonitis). Auch dies ist eine für Katzen sehr gefährliche, von einem Virus verursachte Krankheit, die wiederum nicht auf den Menschen übertragbar ist. Ihr können, wie auch der Katzenseuche, ganze Katzenbestände in ländlichen

Gegenden und Siedlungsgebieten zum Opfer fallen. Der Virus greift das Bauchfell (Peritoneum) an, das den Magen und die inneren Organe umhüllt. Die Symptome, die möglicherweise erst einige Wochen nach der Infektion auftreten, schließen die Folgenden ein: Fieber, Appetitlosigkeit, Gewichtsverlust, manchmal auch Erbrechen und Durchfall, Bauch und Unterleib sind stark aufgeschwollen. FIP endet meistens tödlich und ist für Katzen sehr ansteckend, vor allem für jüngere (weniger als drei Jahre alte) Tiere; viele Katzen entwickeln aber mit der Zeit eine natürliche Immunität gegen diesen Virus; deshalb ist ein Nachweis von FIP-Antikörpern im Blut nicht sonderlich aussagekräftig (mit dem Test wird nicht das Vorhandensein eines Virus nachgewiesen). In manchen Gegenden weisen bis zu 25% der Auslaufkatzen Antikörper auf. Obwohl es eigentlich einen Impfstoff gegen diese Krankheit gibt, kann der Tierarzt ihn erst relativ spät verabreichen, und bis dahin haben die meisten Katzen schon mit dem Virus Kontakt gehabt, was das Impfen problematisch macht. Vielleicht ist demzufolge der beste Rat, dafür zu sorgen, dass die Katzen ganz allgemein kräftig und gesund bleiben.

Innere (Endo-) und äußere (Ekto-) Parasiten

Jedermann weiß, dass Katzen immer wieder Würmer auflesen, meistens durch das Fressen infizierter Beutetiere oder, im Fall von Rund- oder Spulwürmern, durch die Milch einer infizierten Mutter, oder auch, im Fall von Bandwürmern, durch infizierte Flöhe und Beutetiere. Würmer sind Parasiten mit eigenem Lebenszyklus, der von ihrem Wirt (und oft auch den Zwischenwirten wie Nagern und Flöhen) abhängig ist; sie haben sich im Lauf der Evolution zusammen mit den Wirtstieren entwickelt. Die Parasiten leben z.B. im Dünndarm der Katze, wo sie sich von den Verdauungsprodukten ernähren. Ein normaler Wurmbefall ist für die Katze kein sehr ernstes Problem – im Gegensatz zu einem starken Befall mit den folgenden möglichen Symptomen: Husten, Erbrechen (manchmal sind Würmer im Erbrochenen zu erkennen), Durchfall oder schleimiger Kot (ebenfalls oft mit sichtbaren Würmern), geblähter Bauch, struppiges und stumpfes Fell, rote Flecken am Bauch oder zwischen den Zehen und/oder andauernde Mattigkeit.

Die Würmer legen ihre Eier im Kot der Katze ab. Dies ist einer der Gründe (siehe auch Kapitel 19), weshalb man die Kotkiste regelmäßig entleeren und reinigen muss; danach sind auch die Hände gründlich zu waschen. Die Eier bleiben manchmal unter dem Schwanzansatz und um den After des Tieres hängen – ein gewichtiger Grund, die Katze nicht mit ins Bett zu nehmen! Außerdem sollten die Sandkästen auf Kinderspielplätzen nachts zugedeckt und über den Winter geleert und gereinigt werden; falls sich Wurmeier darin befinden und spielende Kleinkinder mit den Händen Sand in den Mund bringen, kann es zu einer Infestation kommen. Aber bitte keine Panik! Würmer sind nicht allzu gefährlich und relativ leicht mit einer vom Arzt durchgeführten Kur zu beseitigen. (Der Mensch hat sich ebenfalls zusammen mit diversen Parasiten entwickelt!) Zudem werden sehr viele Katzen heutzutage vor allem in Siedlungsgebieten regelmäßig gegen Würmer behandelt. Normalerweise führt man Wurmkuren bei werdenden Katzenmüttern und – mehrmals – bei den heranwachsenden Jungtieren durch (in beiden Fällen nur nach den Anweisungen des Tierarztes oder den Instruktionen, die dem Medikament beiliegen), danach folgen etwa 2 bis 3 Mal jährlich Kuren gegen Rund- und Spulwürmer. Solche Kuren können Sie ohne weiteres zu Hause durchführen, nachdem Sie das Medikament vom Tierarzt bekommen haben. Wegen des Lebenszyklus der Würmer ist die Nachbehandlung, die in der Regel etwa zehn Tage später (wegen möglicherweise immer noch

Ektoparasiten:
1 Katzenfloh
2 Zeckenmännchen
3 Zeckenweibchen
4 Haarbalgmilbe
5 Herbstgrasmilbe
6 Grabmilbe

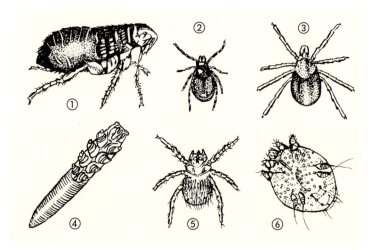

Besonders die Landwirte sollten mehr auf die von Würmern befallenen Katzen achten. Wie erwähnt, ist die Jagdleistung eines durch Parasiten geschwächten Tieres wahrscheinlich geringer. Eine Wurmkur ist nicht teuer, und es lohnt sich, den Tierarzt bei seinem Besuch wenigstens die gerade anwesenden Katzen behandeln zu lassen.

vorhandener Eier) erfolgen sollte, nicht zu vergessen! Weniger oft, aber auch nicht selten, werden Katzen von einem Bandwurm befallen, der mit einem anderen Mittel behandelt wird als Rund- und Spulwürmer. Katzenbandwürmer sind, im Gegensatz zu Hundebandwürmern, für Menschen weniger problematisch. Man sollte aber nicht zu oft »entwurmen«, weil das mit der Zeit zu einer Immunität der Parasiten führen könnte.

Die häufig vorkommenden Ektoparasiten – Flöhe, Zecken und Ohrmilben – sind noch einfacher zu behandeln. Ein beim Tierarzt, in der Drogerie oder im Zoogeschäft erhältliches »Flohhalsband« ist leicht anzulegen und gegen das meiste äußere Ungeziefer sehr wirksam; es sollte aber so eng angelegt werden, dass nur die Spitze des kleinen Fingers darunter Platz hat, damit die Katze sich nicht leicht mit dem Halsband an Ästen usw. verfangen kann; zudem sollte man, falls sie sich irgendwo verfangen, Bänder benutzen, die expandieren. Vorsicht ist geboten, falls Sie ein Puder gegen Flöhe verwenden; vor allem bei Jungtieren besteht die Gefahr, dass Sie ungewollt eine Überdosis verabreichen. (Wie alle giftigen Mittel sollten Halsbänder und Puder außerhalb der Reichweite von Kleinkindern aufbewahrt werden; die Hände sind nach dem Gebrauch solcher Mittel gründlich zu waschen.)

Es gibt verschiedene Sorten von Katzenmilben. Am häufigsten trifft man die Milben in den Ohrmuscheln an; sie sind für den Menschen ungefährlich, können aber bei der Katze zu Gleichgewichtsstörungen führen, wenn die Katze länger und stark davon befallen ist. Katzen mit Ohrmilben tragen oft den Kopf etwas zur Seite geneigt, schütteln ihn häufig und kratzen sich an den Ohren. Wenn Sie in die Ohrmuscheln und die Ohrkanäle hineinschauen und eine dunkle, rötliche Schicht oder Flecken sehen, so handelt es sich mit ziemlicher Sicherheit um Ohrmilben. Ihr Tierarzt wird

Bei der Pirsch durchs hohe Gras oder bei Kletterpartien im Geäst wird die Katze schon mal von einer Zecke »erbeutet«.

Ihnen gegen diese Parasiten eine Flüssigkeit mitgeben, von der einige Tage lang regelmäßig ein paar Tropfen in die Ohren einzuträufeln und einzumassieren sind. Nur eine recht seltene Milbenart kann auf den Menschen übergreifen und Hautausschlag verursachen – ein weiterer Grund, Katzen vom Bett fernzuhalten; diese Milbenart ist aber ebenfalls leicht zu eliminieren.

Eine von einem Einzeller verursachte Krankheit – Toxoplasmose

In jüngerer Zeit hat eine von dem Einzeller *Toxoplasmosa gondii* verursachte Krankheit vor allem bei schwangeren Frauen für Unruhe gesorgt. Die »Eier« (»Oozyten«) dieser Darmparasiten, die mit der Nahrung (Fleisch und Eier) aufgenommen werden, infizieren sehr viele Säugetier- und Vogelarten und auch Menschen. Eine große Zahl von Hauskatzen wurde aus Angst vor dieser Krankheit, aber eigentlich grundlos, in Tierheime abgeschoben oder sogar eingeschläfert. Wie es oft der Fall ist, erfuhr die Öffentlichkeit auch hier nur die halbe Wahrheit, und die Risiken einer Fehlgeburt oder einer Missbildung des ungeborenen Kindes – Toxoplasmose ist dafür nur höchst selten verantwortlich – wurden übertrieben. Sechzig bis achtzig Prozent aller Menschen in unseren Breitengraden haben irgendwann einmal diese Infektion gehabt, ohne etwas davon zu ahnen, und heil überstanden! Ich möchte aber auch nicht die Gefahren dieser Krankheit für schwangere Frauen herunterspielen. Heutzutage können Sie eine Blutprobe Ihrer Katze auf Toxoplasmose untersuchen lassen; je nach Grad und Stadium der Infektion wird sie täglich mit einem geeigneten Medikament behandelt (während dieser Zeit ist die Katze im Haus zu behalten). Außerdem können und sollten alle schwangeren Frauen – ob sie nun eine Katze besitzen oder nicht – eine Blutprobe auf Toxoplasmose untersuchen lassen, möglichst zu Beginn, aber auch später in der Schwangerschaft. Bei völlig negativem Befund (wenn es also nie zu einem Kontakt mit dem Einzeller kam und demzufolge keine natürliche Immunität besteht) ist es zu empfehlen, die eigene Katze vorübergehend anderswo unterzubringen, da eine erstmalige Infektion während der Schwangerschaft am gefährlichsten ist. Aber auch solche Infektionen können ohne Schaden medikamentös behandelt werden – wenn man sie frühzeitig entdeckt. Auf jeden Fall sollten Sie den Rat Ihres Arztes befolgen, um Komplikationen zu vermeiden!

Eine Schlussbemerkung

Weder die Erkrankungen Ihrer Katze noch die auf den Menschen übertragbaren Katzenkrankheiten dürfen missachtet werden; sie sind entweder von einem Veterinär oder von einem Humanmediziner zu behandeln. Die Gefahren für den Menschen (ob es sich nun um Katzenhalter handelt oder nicht) sollten aber auch nicht überschätzt werden! Wenn Sie die Grundregeln der Hygiene beachten und den Tierarzt regelmäßig aufsuchen, um Gesundheitskontrollen und prophylaktische Behandlungen vornehmen zu lassen, vermeiden Sie die meisten gesundheitlichen Probleme und erhöhen die Lebensqualität und die Lebensdauer Ihrer samtpfotigen Gefährten.

Verhaltensstörungen?

19. Markieren und Kastration

Harn (Urin) und Kot sind Abfallprodukte, die aus jedem Körper ausgeschieden werden müssen; aber sie dienen in der Tierwelt auch oft als Quellen »sozialer Düfte« (Geruchsmarken), durch die Informationen für die Artgenossen übertragen werden. Manchmal ist das Verspritzen des Harns oder das Absetzen des Kots und die damit verbundene Unsauberkeit an einem vom Halter des Heimtieres für ungeeignet betrachteten Ort ärgerlich. In diesem Kapitel möchte ich zuerst die Bedeutung der Harnmarken bei Katzen diskutieren, und danach befassen wir uns mit den Argumenten für und gegen eine der am häufigsten angewendeten Methoden, das Harnspritzen zu unterbinden, nämlich mit der Kastration. Zuletzt betrachten wir einige der Gründe, die dazu führen können, dass das Katzenklo nicht in der erwünschten Weise gebraucht wird, und somit für Unsauberkeit verantwortlich ist.

Harnen und Harnspritzen

Katzen beiderlei Geschlechts können die Hinterpartie etwas gegen den Boden drücken und in dieser Stellung urinieren, oder sie können steifbeinig den Schwanz nach oben strecken und den Harn nach hinten (meist gegen ein senkrecht stehendes Objekt) spritzen; oft zittert die Schwanzspitze während des Harnspritzens. Die Ethologen unterscheiden also zwischen »harnen« und »Harn spritzen«. Kastrierte Kater und die meisten Weibchen können auch kleinere Mengen Harn aus kauernder Stellung am Boden (oder an Objekte) deponieren und diese können ebenfalls »Harnmarken« sein. Ob der Urin selber, je nachdem ob er eliminiert oder um zu markieren gebraucht wird, sich etwas anders zusammensetzt, ist umstritten. Eine frühere Untersuchung deutete darauf hin, dass die Katzen zwischen dem Harn, der eliminiert, und dem Harn, der gespritzt wurde, unterscheiden können; die sehr streng kontrollierte Studie meines ehemaligen Diplomanden Ueli Matter konnte keinen derartigen Unterschied bestätigen, d.h. alle Katzen reagierten auf gespritzten und exkretorischen Harn gleich.

Auf jeden Fall benutzen die Katzen mit freiem Auslauf den Harn als Informationsträger – sie beschnuppern den Harn ihrer

Markierverhalten –
eigentlich ganz natürlich,
doch in der Wohnung
kann es zu Verstimmun-
gen des Halters führen.

Artgenossen –, und wir können uns fragen: Welche Informationen werden übermittelt? Viele Halter sind der Meinung, dass Katzen mit dem Harn ihre Reviergrenzen markieren, dass die Harnmarken also bedeuten: »Hier ist die Grenze meines Territoriums.« Doch wissen wir, dass die wenigsten Hauskatzen heutzutage noch im klassischen Sinne »territorial« sind (siehe Kapitel 8), und Ueli Matter und ich konnten feststellen, dass Katzen ihren Harn überall in ihrem Streifgebiet, aber gar nicht besonders häufig an dessen Grenzen hinterlassen. Während eines Ausflugs markieren Katzen beiderlei Geschlechts mit ihrem Harn ziemlich häufig und regelmäßig, obwohl Kater dies deutlich öfter tun als Weibchen; die Spritzhäufigkeit liegt in der Regel zwischen zwei- und zwanzig Mal pro Stunde. Gelegentlich wird beobachtet, dass ein Tier die Harnmarke eines anderen mit seinem eigenen Harn »übermalt«. Die

Untersuchungen von Eugenia Natoli in Italien und Ueli Matter in der Schweiz zeigen, dass die männlichen wie auch die weiblichen Katzen zwischen dem Harn eines fremden Katers, dem eines ihnen bekannten Katers und dem eines Weibchens unterscheiden können, und dass sie zudem auf den Harn intakter bzw. kastrierter Tiere unterschiedlich reagieren.

Schon vor vierzig Jahren vermuteten Paul Leyhausen und Rosemarie Wolff, dass Katzen mittels der Urinduftmarken den »Verkehr« in einem Gebiet so regeln können, dass Begegnungen vermieden werden. Dies mag in erster Linie für Gebiete mit niedrigerer Bestandesdichte gelten. Hinzu kommt nun die Möglichkeit, dass Katzen ihre Harnmarken brauchen, um festzustellen, welche anderen Tiere dasselbe Gebiet benutzen.

Harnmarkieren und Kastration

Normalerweise beginnen die Tiere mit Harn zu markieren, sobald sie geschlechtsreif sind; Kater spritzen bis zu zehnmal häufiger als Weibchen. Obwohl dies nun ein völlig normales Verhaltensmuster ist, bringt es für den Halter von Wohnungskatzen ohne Auslauf oft Probleme mit sich, denn diese Tiere haben keine andere Wahl, als ihren Harn auf Objekte in der Wohnung abzusetzen – und der Geruch des Urins ist recht penetrant. Bekanntlich lässt sich das Harnmarkieren durch die Kastration des Tieres reduzieren und oft, wenn auch nicht immer, sogar ganz ausschalten, vor allem dann, wenn die Operation kurz *vor* dem Eintreten der Geschlechtsreife vorgenommen wird. Da unsere Untersuchungen zeigen, dass kastrierte Tiere ihre Präsenz in einem Gebiet ebenso gut mit gewöhnlichem wie mit gespritztem Harn demonstrieren können, darf es nicht als Argument gegen die Kastration gewertet werden, dass durch diesen Eingriff ein an sich normales Verhalten unterbunden wird. Eine spätere Operation an geschlechtsreifen Tieren hat geringere Erfolgsaussichten, was das Ausschalten bereits ausgebildeter Harnspritz-Verhaltensmuster anbelangt. (In diesem Zusammenhang möchte ich auch erwähnen, dass es absolut keinen stichhaltigen Grund gibt, weshalb ein Weibchen erst einen Wurf haben sollte, bevor es kastriert wird.)

Neben der hormonellen Umstellung, von der die körperliche Reifung begleitet wird, gibt es noch andere Faktoren, die entweder die Häufigkeit des Harnspritzens beeinflussen oder das plötzliche Wiederauftreten des Markierens bei kastrierten Tieren hervorrufen. Das Hormon Androgen steigert die Häufigkeit des Spritzens. Relativ oft enthalten Medikamente für ältere Katzen dieses Hormon; sobald die medikamentöse Behandlung des Tieres abgeschlossen ist, verschwindet das vermehrte Markierverhalten in der Regel wieder. Das Hormon Progesteron senkt die Häufigkeit des Harnmarkierens; persönlich bin ich jedoch nicht dafür, dass ein Tier ständig mit Hormonen behandelt wird. Harnmarkieren ist auch häufiger in Haushalten mit sehr vielen Katzen ein Problem; bei einer nicht sozial aufgewachsenen Katze können die Ankunft und damit die ungewohnte physische Präsenz eines neuen Tieres im Primärheim oder die neuen Düfte und Vokalisationen in der Nachbarschaft ein Auftreten dieses Verhaltens bewirken.

Die sicherste Methode, um dieses Problem zu vermeiden, ist jedoch die frühzeitige Kastration Ihres Tieres, die Ihnen und Ihrer Katze viele Unannehmlichkeiten erspart.

Es ist nicht halb so schlimm...

Noch wichtiger in Bezug auf die Kastration ist die Überlegung, dass es schon jetzt genügend viele herumstreunende, herrenlose Tiere gibt, die überfahren oder angeschossen werden, krank sind und schlecht oder gar nicht gepflegt werden, ohne dass zwei- bis dreimal pro Jahr neue hinzukommen! Die Operation ist für das Tier schmerzlos, und es »vermisst« danach nichts. Englische Studien zeigen, dass kastrierte Katzen den Menschen gegenüber anhänglicher und ihren Artgenossen gegenüber weniger aggressiv sind; keine Untersuchung bestätigt jedoch den relativ weit verbreiteten Mythos, demzufolge die Katzen wegen der Kastration dick würden (siehe Kapitel 17).

Unsauberkeit: Das Katzenklo

Schon als Jungtiere decken die meisten Katzen ihren Kot mit Scharrbewegungen zu, vor allem in der Nähe ihres Nestes bzw. Primärheims. In einigen Studiengebieten haben Forscher hingegen beobachtet, dass die Tiere ihren Kot manchmal einfach draußen in ihrem Revier liegen lassen, ohne ihn zu bedecken, oder sogar an für das menschliche Auge sehr auffallenden Orten absetzen. Ob das Zudecken des Kots am Wohnort mehr damit zu tun hat, dass ein potenzieller Feind nicht durch Exkremente auf das Vorhandensein eines Nestes aufmerksam gemacht werden soll, eher eine Sache der Nesthygiene ist oder der nicht zugescharrte Kot draußen Markierfunktion hat, wissen wir nicht.

Katzen gelten als äußerst saubere Tiere und benutzen fast immer eine ihren Bedürfnissen entsprechend eingerichtete und gepflegte Katzentoilette, wenn sie ihnen zu Hause zur Verfügung steht. Einer Jungkatze, die im Alter von zehn bis zwölf Wochen an einen neuen Wohnort kommt, braucht man in der Regel lediglich nur ein- bis zweimal den Platz des Katzenklos zu zeigen, indem man sie hochhebt und auf die Einstreu setzt (aber nicht zwingt, darauf zu bleiben!), und schon hat sie es begriffen. Manchmal koten Katzen (insbesondere Kater) zum Zeitpunkt ihres Reifwerdens an ungewöhnlichen Orten (unter Umständen sogar auf dem Bett!), danach aber nie wieder. Obwohl absolut gesehen eher selten, ist die Unsauberkeit eine der am häufigsten vorkommenden »Verhaltensstörungen« bei Katzen, und die Liste der möglichen Gründe für ein plötzliches Auftreten dieser Unart ist sehr lang. Das Absetzen

Was ist mit dem Katzenklo?

von Kot, aber auch von Harn an einem ungewöhnlichen Ort kann einen organischen Grund haben; dies sollte durch eine tierärztliche Untersuchung abgeklärt werden. Viel häufiger ist jedoch »menschliches Versagen« in Zusammenhang mit der Katzentoilette als Ursache zu verzeichnen.

Das Klo darf nicht zu klein sein (mindestens 30 x 40 cm), muss aus pflegeleichtem Material (z. B. Hartplastik) bestehen und ist täglich zu reinigen, d.h. mindestens die durchnässten Streuklumpen und den Kot sind zu entfernen. Es sollte immer am gleichen Ort stehen, und dieser Ort sollte nicht gleichzeitig der Schlaf- und

Die Katzentoilette sollte ein Mal täglich gesäubert werden.

Fressplatz der Katze sein, denn kein frei lebendes Tier frisst, schläft und kotet am selben Ort. Nach einer Faustregel sollte man pro Katze eine Toilette einrichten, bei mehreren sollten sie nicht nebeneinander stehen; manche Katzen wollen unbedingt ihre eigene. Bei hartnäckigen Problemtieren kann sogar eine Zweittoilette helfen; das Tier kann dann – wie es Freilandkatzen meistens tun – Kot und Harn getrennt absetzen. Ich kenne einige Halter, die ein Klo mit einem fast vollständig geschlossenen Deckel nach Hause brachten – und ihre Katzen erledigten plötzlich ihr Geschäft anderswo, denn sie sind ja eigentlich keine Höhlentiere! Außerdem ist das tägliche Entfernen von Kot und feuchter Einstreu ein besseres Mittel gegen lästigen Geruch als eine Abdeckung.

Öfters gibt es Probleme mit der Streu: Manche Tiere zeigen eine Vorliebe für handelsübliche Einstreu, andere für Sägespäne oder Papierfetzen usw., während wieder andere die eine oder andere Art von Streu ablehnen; diese Präferenzen treten oft erst dann zu Tage, wenn der Halter aus irgendeinem Grund die Streusorte wechselt. Es gibt zudem parfümierte Einstreu sowie parfümierte Klosprays,

Frei laufende Katzen
setzen Harn und Kot an
getrennten Orten ab.

die jedoch nicht jedermanns (Pardon: jederkatzes) Sache sind. Schließlich gibt es tatsächlich auch einige »Psycho-Fälle«, Tiere, die man gewöhnlich als verhaltensgestört bezeichnet, doch liegt diesen Fällen meistens »menschliches Versagen« im Hinblick auf die Befriedigung der art- und tierspezifischen Bedürfnisse zu Grunde. Solche Probleme werden im nächsten Kapitel über Aggression und Destruktivität ausführlicher diskutiert, und ich erwähne hier deswegen nur zwei Beispiele: Es kommt oft vor, dass eine Katze, die sehr erschrocken ist (z. B. von Kindern gepackt wurde), während sie gerade das Klo benutzte, in der Folge dieses Klo oder den Ort, an dem dieses Klo aufgestellt ist, meidet. Mitunter verändern auch wir Menschen (mehr oder weniger bewusst) die Umwelt der Katze sehr stark – ein Baby kommt ins Haus, neue Wohnzimmermöbel werden geliefert, die erwachsenen Kinder ziehen aus, eine weitere Katze wird angeschafft, eine fremde Katze wird »nur« draußen gefüttert. In all diesen Situationen könnte Harnmarkieren oder plötzliche Unsauberkeit auftreten: als Trotz- oder Protestreaktion, wie die meisten Psychologen sagen würden!

Bei plötzlich auftretender Unsauberkeit gilt es, die Ursache des stören-
den Verhaltens ausfindig zu machen und sie zu beheben, in der Regel
mit der Hilfe eines geschulten tierpsychologischen Beraters. Zunächst
aber putzen Sie die verschmutzte Stelle so gut es geht mit einem Reini-
gungsmittel (das wiederum geruchsfrei ist und kein Ammoniak enthalten darf). Falls die Katze immer wieder am gleichen (falschen) Ort kotet, so stellen Sie vorübergehend ein zweites, neues Klo dort auf und
verschieben Sie es pro Tag etwa zehn bis zwanzig Zentimeter in Richtung eines Ortes, der Sie weniger stört und den die Katze akzeptiert.

Zum Glück bleiben die meisten Katzenhalter von solchen Pro-
blemen verschont; wenn sie jedoch auftreten, gefährden sie die Beziehung zwischen Mensch und Katze und müssen daher behoben
werden. Dasselbe gilt für Aggression und Destruktivität.

20. Aggression und Destruktivität

Katzen haben Zähne
und Krallen, die sie nötigenfalls als »Waffen« zur
Selbstverteidigung ge-
brauchen können. Wir
betrachten zuerst ih-
ren Einsatz bei di-
rekten Interaktionen
mit Menschen. Kral-
len können aber auch
als »Signalgeber« benutzt
werden, um Dominanz zu
demonstrieren oder um – indirekt – den Protest gegen
eine nicht art- oder tiergemäße
Haltung zum Ausdruck zu
bringen!

Diese Katze zeigt all ihre
Waffen, auch wenn sie im
Moment nur friedlich
gähnt und sich rekelt.

»Liebes«-Bisse oder?

Zähne und Krallen werden sowohl bei innerartlichen wie auch bei zwischenartlichen Interaktionen benutzt. Der Mensch und die Katze müssen miteinander kommunizieren können, was angesichts der Sprachbarriere natürlich nicht leicht ist (siehe auch Kapitel 12 und 13). Katzen können uns durch schwache bis mittelstarke Bisse (z. B. in die Hand) oder leichtes Kratzen mit den Krallen zu verstehen geben, dass ihnen etwas nicht gefällt oder dass wir mit etwas für sie Unangenehmem aufhören sollen. Wenn wir nicht auf solche Warnungen reagieren, setzen sie öfters auch mehr Kraft ein, was für den Menschen recht schmerzhaft sein und ihn sogar verletzen kann. Auf diese Weise können Katzen jedenfalls unser Verhalten während den Interaktionen modifizieren und konditionieren. Wer kennt nicht die sanften »Liebesbisse« der Katze? Wer hat es noch nie erlebt, dass sich ein Tier mitten in einer Spiel- oder Streichelinteraktion plötzlich umdreht und mehr oder weniger fest »zupackt«? Auch Katzen unterliegen verschiedenen Motivationen, die sich im Verlauf einer Interaktion verändern können, und es ist wahrscheinlich, dass wir in einer bestimmten Situation ein Warnsignal übersehen haben. Sie werden dann zwangsläufig etwas erregt und aggressiv, doch sollten wir dies nicht überbewerten.

Zum Glück werden Katzen nur sehr selten so wütend, dass sie wirklich auf Menschen losgehen; relativ häufig handelt es sich um während der Rolligkeit eingesperrte Tiere – auch dies spricht wieder für die Kastration. Aber seien Sie vorsichtig: Jede Bisswunde, die von einem Fleisch fressenden Tier stammt, muss unbedingt sofort medizinisch behandelt (zumindest gründlich desinfiziert) werden – sonst könnte es zu bösartigen Infektionen mit üblen Folgen kommen.

Bevor es aber so weit ist, geben uns die Katzen meistens ein Zeichen ihrer Unzufriedenheit mit der jeweiligen Situation, sei es durch plötzlich auftretendes Harnmarkieren oder Unsauberkeit (siehe Kapitel 19), durch heftige Verweigerung der üblichen Kontakte oder vermehrte »Destruktivität« in der Wohnung, also den Einsatz der Krallen an Möbeln, Tapeten, Vorhängen usw. Erst in jüngster Zeit beginnen wir Ethologen zu verstehen, was das »Krallenwetzen« für die Katzen bedeutet.

Zerkratzen will uns etwas sagen

Aus Verhaltensstudien im Freiland wissen wir, dass Katzen sich häufig an einem Baum oder einem Holzpfosten aufrichten und die Krallen kräftig an diesem Objekt entlang ziehen. Da man an solchen Orten (und auch in der Wohnung) oft abgenutzte Krallenhüllen gefunden hat, wurde lange Zeit angenommen, dass die Katzen auf diese Weise ihre Krallen »wetzen«. Das mag wohl die ursprüngliche Funktion dieser Verhaltensgebärde gewesen sein, die vielleicht immer noch eine Rolle spielt. Doch häufen sich die Hinweise darauf, dass das »Krallenwetzen« auch eine optische Dominanzgebärde ist. Ueli Matter und ich stellten fest, dass frei lebende

Krallen wetzen ist auch eine Dominanzgeste, die häufig in Anwesenheit einer rangniederen Katze durchgeführt wird.

> **Kratzbaum**

Für Katzen gibt es in Fachgeschäften Kratzbäume jeder Preislage. Man kann auch selbst einen Kratzbaum konstruieren, z.B. mit einem alten Stück Teppich oder einem alten Holzbock. Verschaffen Sie Ihrer Katze auf jeden Fall eine Gelegenheit, die Krallen zu wetzen und auch ihre Dominanz zu zeigen; wenn Sie es nicht tun, wird sie sich einen Ort suchen, wo sie es kann. Zeigen Sie ihr den Kratzbaum und unterbinden sie vom ersten Tag an jeden Versuch, anderswo die Krallen zu wetzen, mit einem scharfen »Nein«!

Katzen ihre Krallen in Anwesenheit anderer Artgenossen häufiger »wetzen«, als wenn sie allein sind; Forscher an der Universität von Cambridge haben Anhaltspunkte dafür, dass es vor allem die dominanten Tiere sind, die demonstrativ ihre Krallen vor unterlegenen Tieren wetzen. Leider ist es in einigen Ländern immer noch nicht – wie z.B. in der Schweiz und Deutschland – verboten, die Krallen operativ zu entfernen. Es ist erstaunlich, wie oft in Haushalten mit vermeintlich destruktiven Katzen nicht einmal das Naheliegendste versucht wurde, nämlich den Tieren eine geeignete Kratzgelegenheit anzubieten.

Es gibt ein weiteres »destruktives« Verhaltensmuster, das gelegentlich vorkommt und vor allem, aber nicht nur, bei Siamesenkatzen zu beobachten ist: das Wolle kauen oder Wolle saugen. Wenn das Tier die Wolle schluckt, kann es gefährlich werden, weil es zu Verstopfungen und »Blockierungen« des Verdauungstrakts kommen kann, und für den Halter kann es wegen der Tierarztrechnungen und der beschädigten Garderobe teuer werden. Mögliche Erklärungen für diese Unart sind unter anderem ein Mangel an Lanolin (einem »Nährstoff«), ein frühzeitig gestörtes Saugverhalten im Nest, frühzeitige Trennung von der Mutter oder auch Stress. Manchmal verschwindet dieses unerwünschte Verhalten ohne Intervention des Halters. Anderenfalls kann man Verschiedenes ausprobieren: Der Katze mehr Beschäftigungsmöglichkeiten anbieten; den Stressoren ausfindig machen und eliminieren; sogar die Haltungsbedingungen verändern. Auf jeden Fall sollte dieses Verhaltensmuster wegen der potenziellen Gefahren für die Katze konsequent verhindert werden.

Stoffsaugen beruhigt...

21. Häufig gestellte Fragen

Es gibt noch ein paar relativ häufig gestellte Fragen, respektive Themen, die diskutiert werden, die ich kurz erwähnen möchte.

Wie häufig kommen Katzen-Allergien vor und was kann man dagegen tun?

Die Sache mit Allergien gegen Tiere ist zugleich übertrieben und trotzdem, bei Kindern ernst zu nehmen. Es wird allzu häufig »eine Allergie« als Grund angegeben, entweder für die Ablehnung des Kinderwunsches für die Anschaffung eines Tieres oder für die Abgabe eines »Problemtieres« an ein Tierheim – auch wenn das Vorhandensein der Allergie nicht medizinisch bestätigt wurde. Allergien gegen Blütenstaub, Gräser, Hausstaub und -milben sind wesentlich häufiger als Tierallergien. Ein kleiner Prozentsatz (3 bis 5 % in der Schweiz) der Bevölkerung ist aber trotzdem allergisch auf »Katzenhaare«. Die dafür verantwortliche Substanz ist nicht das Haar selber, sondern ein Allergen im Speichel, das auf das Fell kommt, wenn die Katze sich pflegt. Bei Kindern, die eine allergische Veranlagung haben, besteht die Gefahr, dass sich bei vermehrtem Kontakt mit dem Allergen Asthma entwickelt. Momentan gehen die Expertenmeinungen auseinander über die Rolle von Frühkontakt von Kleinkindern mit Tieren für die spätere Entwicklung von Allergien gegen diese Tiere. Einige Studien zeigen, dass sie dann *weniger* anfällig sind, andere nicht. Erwachsene tragen die eigene Verantwortung ihrer Entscheidung, für oder gegen die Katzenhaltung. Interessanterweise lehnen es aber viele der KatzenhalterInnen, die eine medizinische Bestätigung einer Allergie erhalten, ab, auf ihre Katzen zu verzichten. Ihre Katzen bedeuten ihnen einfach zu viel, und sie finden andere Umgangsformen, um die Allergie einzudämmen.

Die Menge an Allergen kann offenbar reduziert werden, wenn jemand, der nicht allergisch ist, das Katzenfell einmal wöchentlich mit einem feuchten (nicht nassen!) Tuch in der Haarrichtung abstreift. Katzen sollten aber deswegen nicht gebadet werden, für das Tier wäre dies völlig unnatürlich!

Was soll ich mit meiner Katze während meinem Urlaub machen?

Die meisten Katzen sind nicht sehr glücklich, wenn wir verreisen. (Wenn sie unsere Abwesenheit schätzen würden, wäre das nicht unbedingt das beste Zeichen für diese Beziehung!) Sie zeigen uns ihre Unzufriedenheit manchmal aber erst, wenn wir nach Hause kommen. Nach 2 bis 3 Tagen ist aber alles vergessen und vergeben. Es gibt sehr gut geführte Katzenpensionen, die die Katze(n), entsprechend ihren sozialen Bedürfnissen, halten können – und dies auch tun. Wenn Sie einen Stubentiger haben, dann sollte er in der Tierpension nicht in den Genuss eines großen Auslaufgeheges kommen, sonst könnte dies bei der Rückkehr Probleme geben. Am besten besuchen Sie eine nahe liegende Katzenpension und machen sich selber ein Bild von der Haltung und Pflege, dann reservieren Sie einen Platz weit im Voraus. Der Stress bei einer langen Autoreise zum Tierheim und der neuen Umgebung dort, kann für diese ortstreuen Tiere umgangen werden, wenn Sie die Katze(n) mit guter Betreuung zu Hause lassen.

Urlaub kann an die Nieren gehen

Wenn man einen zuverlässigen Nachbarn hat, der Katzen (und auch Sie!) mag, kann man diesen als »Ferien-Pfleger« anfragen/engagieren. Diese Person sollte Ihre Katze aber schon kennen und umgekehrt. Ideal ist es, wenn Ihr Nachbar die Katze schon vor Ihrer Abreise einige Male, jeweils am Morgen, kurz füttert. Diese Person sollte auch bereit sein, ihre Katze zwischendurch zu beschäftigen (z. B. Jagdspiele mit ihr durchzuführen), nicht nur den Futternapf zweimal am Tag frisch aufzufüllen. Geben Sie diesem Betreuer unbedingt den Namen und die Telefonnummer Ihres Tierarztes und eine Kontaktnummer, wo Sie im Notfall zu erreichen sind. Professionelle Cat-Sitters verlangen diese Informationen von sich aus.

Einige Halter nehmen ihre Katzen mit in den Urlaub, insbesondere wenn sie eine Urlaubswohnung besitzen. Die Katzen müssen sich aber an die (regelmäßigen!) Transporte gewöhnen und am zweiten Zuhause die gleichen Haltungsbedingungen antreffen.

Wie geht man am besten bei einem Umzug vor?

Wie schon in Kapitel 12 erwähnt, ist die Katze nicht nur an ihren vertrauten Ort, sondern auch an Sie gebunden und sie sollte auch am neuen Wohnort (wenn die Katzenhaltung dort erlaubt ist) eine Beziehung mit Ihnen genießen. Wenn der neue Wohnort mehr als 5 km entfernt ist, sollte eine Rückkehr zum alten Wohnort – wenn Sie sich an einige Verhaltensregeln (siehe unten) halten – nicht zum Problem werden. Bei kleineren Entfernungen ist es aber möglich. Sie können jedoch vorsorglich einer solchen Rückkehr entgegentreten: Bitten Sie Ihre alten Nachbarn, Ihre Katze, falls sie dort auftaucht, NICHT zu füttern und Sie stattdessen anzurufen. Warten Sie mindestens einen Tag (vielleicht zwei) bevor Sie sie – ohne mit ihr zu sprechen oder sie zu streicheln (belohnen!) – dort in einen Transportkäfig sperren und nach Hause nehmen. Wenn Sie nicht am alten Ort gefüttert und gestreichelt wird, und den Weg zurück zum alten Wohnort fand, wird sie sehr wahrscheinlich auch den Rückweg zum neuen Wohnort finden.

Vor dem Umzug, d.h. während des Einpackens und am Tag des Umzugs, versuchen Sie Ihre Katze so stressfrei wie möglich zu halten, sie z.B. in einem ihr vertrauten Zimmer (mit ihrer Katzentoilette, die nach ihr »riecht«) hinter geschlossener Tür vom Lärm abzuschirmen. Wenn es so weit ist und nach dem Transfer in einem sicheren Transportkäfig sollte Ihre Katze »alles, was ihr gehört« am neuen Wohnort finden – also KEINE neuen Katzenmöbel, sondern ihr altes Katzenklo (mit Einstreu, die nach ihrem Harn riecht!), ihr alter Kratzbaum/-pfosten, ihre gewohnten Futter- und Wasserschalen usw. Manchmal empfiehlt es sich, sie im Transportkäfig in einer ruhigen Ecke des Wohnzimmers bis zu einer Stunde zu lassen; somit beruhigt sie sich vom Umzug und kann wenigstens einen Teil ihres neuen Zuhauses vom sicheren Käfig aus betrachten. Nachdem Sie sicher sind, dass alle Fenster und Türen nach Außen geschlossen sind, lassen Sie sie aus dem Transportkäfig heraus und erlauben ihr, möglichst ungestört eine Erkundungstour durch die neue Wohnung zu machen. Falls sie es nicht selber entdeckt, zeigen Sie ihr den neuen Ort der Katzentoilette, aber zwingen Sie sie nicht, darauf zu bleiben, falls Sie sie darauf gesetzt haben! Ebenfalls sollten der Futternapf (schon am neuen, permanenten Ort und mit einem ihr bekannten und gern

Wir ziehen um!

gefressenen Nahrungstyp) und die Wasserschale bereit stehen. Obwohl es manchmal sehr schwierig ist, sollten Auslaufkatzen mindestens zwei Wochen lang am neuen Wohnort ausschließlich drinnen gehalten werden, bis sie sich eingelebt und gelernt haben, dass sie alles was sie brauchen (ihr gewohntes Futter, ihre Streicheleinheiten von vertrauten Menschen, ihr Katzenklo usw.) hier finden. Diese relativ lang(weilig)e Periode für Auslaufkatzen kann man mit verschiedenen Beschäftigungsspielen für Katzen, insbesondere jenen, die Jagdmuster hervorrufen, verkürzen. Beim ersten Ausflug am neuen Ort sollten Sie in der näheren Umgebung des Hauses bleiben, der Katze gelegentlich zurufen (damit sie merkt, wo der Hauseingang liegt), aber nicht »auf den Fersen« folgen, respektive zu weit »vertreiben«. Meistens will sie nach kurzem Erkundungsrundgang relativ bald wieder hinein und traut sich erst später, weiter zu gehen und länger draußen zu bleiben. Bis dann ist aber ihr neues Zuhause auch als vertrautes Obdach und Zufluchtsort bekannt.

Der Sress eines Umzugs – sowohl für die Katze als auch deren Halter – darf nicht unterschätzt werden. Aber es geht vorbei.

Wie kann man fremde Katzen vom Blumen- oder Gemüsebeet fernhalten?

Diese Frage wird mir oft an öffentlichen Vorträgen entweder von Personen, die von Katzen in der Nachbarschaft »geplagt« sind oder von Katzenliebhabern selber, gestellt. Meine erste Antwort, obwohl absolut korrekt, gefällt den ersteren Personen nicht: Der sicherste Weg, fremde Katzen vom eigenen Grundstück fernzuhalten (oder zumindest deren Besuche stark zu reduzieren) ist, eine eigene Katze anzuschaffen! Doch gibt es andere, tierschutzgerechte Methoden, um fremde Katzen vom Gartenbeet fern zu halten.

Zu Hause benutzen Katzen das Katzenklo und scharren ihren Kot fast immer zu. Je weiter weg sie sich von ihrem Zuhause befinden, desto wahrscheinlicher ist es, dass sie ihren Kot nicht zudecken. Zugescharrt oder nicht, solche »Geschenke« ärgern die Nachbarn, v.a. wenn sie im Blumen- oder Gemüsebeet hinterlassen werden.

Streuen Sie mehrere Tage, mindestens 5, hintereinander auf dem Beet gewöhnlichen »Kaffeesatz« über die ganze Oberfläche – aber diesen nicht eingraben! Wichtig ist, dass die fremde Katze(n) einmal den Geruch des Kaffeesatzes auf ihre Pfoten (Zehen) bekommt. Wenn sie zu Hause ist, putzt sie sich, auch ihre Pfoten, und bekommt die im Kaffeesatz enthaltenen Bitterstoffe auf der Zunge zu spüren. Erst beim *nächsten* Besuch dieses Beetes – was ein paar Tage später sein kann – assoziiert sie den Geruch vom (frischen) Kaffeesatz auf der Oberfläche mit dem damaligen negativen (bitteren) Erlebnis beim Putzen, und meidet dieses Beet. (Diese Art Lernen mit verspätetem Eintreten des negativen Reizes findet man relativ häufig im Zusammenhang mit der Aufnah-

Nicht schon wieder in Nachbars Garten!

me von ungenießbarer Nahrung und wird »Garcia-Konditionieren« genannt.) Eine etwas teurere Alternative ist, Quininwasser darüber zu »gießen«, aber ich persönlich ziehe es vor, mein Tonicwasser mit etwas Gin selber zu genießen!

Psychologen für Katzen?

Zehn Jahre lang unterhielt ich eine erfolgreiche tierpsychologische Beratungspraxis an der Kleintierklinik der Universität Zürich. Mit der Zeit kamen die Telefonanrufe, Faxe und (später) E-mails Tag und Nacht, 365 Tage im Jahr (auch zu Hause) und aus der ganzen Welt. Da ich als Wissenschaftler und Institutsleiter auch sehr viel anderes zu tun hatte (und habe), doch auch den Katzen und ihren HalterInnen helfen wollte, habe ich 1992 begonnen, tierpsychologische BeraterInnen formell auszubilden. Früher hatten die

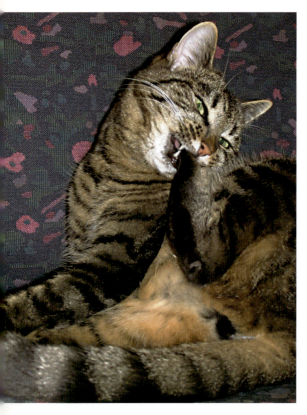

wenigsten Tierärzte die Ausbildung dazu oder die nötige Zeit (oder das Interesse), um Beratungen oder Verhaltenstherapien durchzuführen; inzwischen hat sich das etwas geändert, obwohl viele davon es immer noch vorziehen, eine medikamentöse Behandlung zu verabreichen – ohne die nicht-organischen Ursachen zu eruieren und zu beseitigen. Gewiss gibt es organische Ursachen für Verhaltensstörungen, die NUR von Tierärzten behandelt werden können und sollen. Doch gibt es viele Verhaltensmuster, die nicht auf solche zurückzuführen sind, und die nur im Rahmen eines eingehenden, geschulten Interviews, bzw. durch Beobachtungen außerhalb der Praxis, ursächlich abgeklärt und verhaltenstherapeutisch angegangen werden können. (Das schreiben auch die Hersteller der Tierarzneimittel für Verhaltensmedizin in den Prospekten ihrer Produkte.)

Meine StudentInnen lernen, dass eine tierärztliche Vorabklärung gemacht werden muss (oder schon gemacht wurde), bevor sie ihre Klienten beraten. Doch weder die Beraterinnen und Berater von V.I.E.T.A. (Verband I.E.T.-Absolventen) noch jene anderer Organisationen oder Berufsstände können garantieren, alle Verhaltensprobleme zu lösen. Trotzdem zeigen die Statistiken und Erfahrungen, dass ihre Methoden mehrheitlich zu beachtlichen Erfolgen führen, v.a. weil sie nicht auf Symptombekämpfung – sondern Ursachenanalyse – basieren. Da die Berufsbezeichnungen »Tierpsychologe«, »Ethologe« und »Verhaltenstherapeut« nicht geschützt sind, ist man gut beraten, eine tierpsychologische Beraterin oder einen Berater auszuwählen, welche(r) einem solchen Berufsverband angeschlossen ist, oder eine Tierärztin oder einen Tierarzt aufzusuchen, die/der speziell in verhaltenstherapeutischen Methoden ausgebildet ist und sie praktiziert.

Psychologen für Katzen?

Abschließend möchte ich noch betonen, dass die so genannten Verhaltensstörungen bei Katzen nur allzu oft auf entweder nicht artgerechten oder nicht dem einzelnen Individuum entsprechenden Lebensbedingungen, auf fehlendes Wissen über das natürliche Verhalten und die Bedürfnisse der Katze, oder auf das Fehlverhalten, wenn nicht sogar die Verhaltensstörungen der Halter zurückzuführen sind. Wenn wir diese Geschöpfe einmal besser verstehen und sie nicht nur akzeptieren, sondern auch respektieren, werden wir sie fast »automatisch« richtig behandeln und halten, und die so genannten »Störungen« werden uns nicht mehr stören.

Die Forschung

22. Die Erforschung des Katzenverhaltens

Weshalb »erforschen« statt einfach »genießen«?

Die Neugierde spielt bei meiner wissenschaftlichen Tätigkeit eine große Rolle. Obwohl es bequemer wäre, mich einfach nur hinzusetzen und mich durch den spielerischen Übermut, die jägerischen Leistungen und die zärtlichen Annäherungen meiner eigenen Hauskatzen (wir halten immer zwei kastrierte Tiere) unterhalten zu lassen, möchte ich diese Verhaltensweisen besser verstehen. Ich möchte wissen, wie sich die Verhaltensmuster während des Heranwachsens entwickeln, welche inneren und äußeren Faktoren diese Entwicklung beeinflussen und in welchem Maß sie dies tun. Ich möchte mehr darüber erfahren, wie das Verhalten gesteuert wird – z. B. welche Umweltreize in bestimmten Situationen auslösend wirken. Im Weiteren interessiert mich die »Funktion« der Verhaltensmuster – wozu dienen sie der Katze im täglichen Leben? Ferner versuche ich herauszufinden, wie sich die Verhaltensmuster während der langen Geschichte dieser Tierart entwickelten und welche Veränderungen stattfanden. Natürlich werden all diese Fragen vor dem Hintergrund verschiedener ethologischer Theorien gestellt und interpretiert, doch sind diese Theorien an sich für Sie wahrscheinlich weniger interessant. Und zuletzt interessiert mich die Katze-Mensch-Beziehung – wie entwickelt sie sich, was macht die Katze anders in Interaktionen mit uns, wie beeinflussen wir ihr Verhalten und umgekehrt?

Während der Aufzeichnung einer unterhaltenden Fernsehsendung, in der es um Katzen ging, riet ein bekannter Psychologieprofessor (redegewandt und wortreich) den Zuschauern, ihre Katzen einfach zu genießen und sich durch ihr Verhalten bezaubern zu lassen. Seinem Ratschlag folgten meine Ausführungen über die wissenschaftliche Erforschung des Katzenverhaltens! Jeder Katzenhalter – auch ich – genießt die Zeit mit seinen samtpfotigen Hausgenossen und ist von ihnen fasziniert. Ich bin jedoch der Meinung, dass zur verantwortungsbewussten und verständnisvollen Heimtierhaltung auch ein Minimum an Kenntnissen über das Verhalten und die artspezifischen Bedürfnisse des Tieres gehören. Und diese Kenntnisse werden vorwiegend durch Forschungsarbeiten gewonnen, in denen viele Katzen beobachtet und verglichen

Lernen von und über Katzen

werden. Bevor ich jedoch anhand von Beispielen aus eigenen Forschungsprojekten illustriere, wie wir das Verhalten der Katze untersuchen, möchte ich einige allgemeine Probleme zur Sprache bringen, mit denen wir es immer wieder zu tun haben.

23. Probleme bei der Erforschung des Katzenverhaltens

Individualität und Verallgemeinerung

Jeder Katzenbesitzer ist ein Experte, wenn es um Katzen und das Katzenverhalten geht – so scheint es manchmal, wenn man so oft wie ich Gelegenheit hat, mit Katzenfreunden zu diskutieren. Sicherlich gibt es sehr begabte Beobachter unter den Katzenhaltern, die ihre eigenen Katzen ausgezeichnet kennen. Aber die meisten Leute wissen ebenfalls, wie individuell sich Katzen verhalten können. Es ist deshalb gefährlich, von nur einem Individuum oder einigen wenigen Tieren ausgehend, Schlüsse auf »die Katze« an sich zu ziehen, zu verallgemeinern.

In der vergleichenden Verhaltensforschung können wir auf zweierlei Art mit dieser »Individualität« der Katze umgehen: Wir können sie als einen Faktor akzeptieren, der alle sonstigen Daten stark beeinflusst, und ihn statistisch »abschirmen«, um festzustellen, welche anderen Faktoren sich (trotzdem) auf das Verhalten auswirken. Oder wir können die Individualität selbst zu analysieren versuchen und beispielsweise nach ihrem Ursprung oder ihrer Funktion fragen. Falls wir den ersteren Weg nehmen, dürfen wir nie außer Acht lassen, dass wir es – trotz eines statistisch signifikanten Einflusses z. B. des Geschlechts der Katze auf ihr Verhalten oder der Bestandsdichte auf die Größe ihres Streifgebiets – meistens auch mit einer natürlichen Streuung um die Durchschnittswerte und mit einem signifikanten »Individueneffekt« zu tun haben. Und das bedeutet, dass wir, auch wenn sich ein allgemeiner Trend für eine Katzenpopulation bestätigen lässt, immer noch individuelle Unterschiede zwischen den einzelnen Tieren finden oder eine Katze antreffen können (vielleicht Ihre!), die nicht in dieses Muster passt.

Katzen sind sehr individuell. Um eine statistisch gesicherte Aussage zu erhalten, müssen viele Individuen beobachtet werden.

Falls wir den zweiten Weg einschlagen und die Individualität *per se* analysieren, befassen wir uns mit einer der sprichwörtlichsten und bei den meisten Katzenhaltern sehr hoch eingeschätzten Eigenschaften dieser Tiere. Wir müssen aber stets den Unterschied zwischen der (durch die natürliche Diversität jeder Population bedingten) Streuung um eine Norm einerseits und den mehr oder weniger konstanten Varianten im Verhalten der einzelnen Individuen andererseits im Auge

behalten. Dies ist auch für den Verhaltensforscher nicht immer leicht, da oft beide Arten von Abweichungen seine Daten beeinflussen. Beide Verfahren erfordern jedoch große Datenmengen über viele Tiere (oder Menschen, wenn es sich um das menschliche Verhalten gegenüber Katzen handelt), will man etwas Konkretes über Katzen feststellen.

Die ethologische Analyse der Persönlichkeit der Hauskatze (oder auch anderer Tierarten) steckt noch in den Kinderschuhen. Immerhin haben jedoch meine Kollegen Mendl und Harcourt in Großbritannien damit einen Anfang gemacht, indem sie das Problem genauer definierten, die spärlich vorhandenen Informationen dazu sammelten, die noch zu beantwortenden Fragen auflisteten und die möglichen methodischen Ansätze vergleichend darstellten. (Die bei unseren Hauskatzen bereits entdeckten Persönlichkeitstypen werden in Kapitel 14 genauer erläutert.) Es ist zu erwarten, dass sowohl genetische (vererbte) als auch modifikatorische (erlernte und umweltbedingte) Faktoren diese Individualität beeinflussen, dass im Lauf der Zeit das Jungtier seinen persönlichen Verhaltensstil weiterentwickelt (modifiziert) und dass dieser Stil manchmal über lange Zeit und in verschiedenen Situationen stabil bleibt, aber sich mitunter auch ändert. Auf jeden Fall scheint die Hauskatze eine für zukünftige Untersuchungen über dieses Thema nahezu ideal geeignete Tierart zu sein.

Kolonie-, Privathaushalt- oder Felduntersuchungen?

Das zweite Problem, das der Katzen-Verhaltensforscher lösen muss, betrifft den Ort, an dem er seine Daten sammelt (und die Art, wie er es tut). Er muss sich entscheiden, ob er eine Feldstudie an (mehr oder weniger) frei laufenden Katzen durchführen oder eine »experimentelle« Kolonie-Untersuchung an Tieren vornehmen will, die »in Gefangenschaft« leben, oder aber die Katzen in Privathaushalten beobachten muss. Manchmal liegt es natürlich auf der Hand, wo man arbeiten muss: Beispielsweise wäre es sinnlos, eine Arbeit über die Größe der Streifgebiete in einem Gehege durchzuführen oder eine Analyse der sozialen Beziehungen zwischen Menschen und Katzen bei verwilderten Tieren im Freiland zu versuchen. Oft ist der Fall aber nicht so eindeutig: Wenn ich feststellen will, ob es eine soziale Rangordnung unter Katzen gibt, die in Gruppen leben, arbeite ich dann besser mit Bauernhofkatzen oder mit Koloniekatzen? Will ich die Faktoren analysieren, die die Interaktionen zwischen Katzen und Menschen beeinflussen, führe ich dann »Versuche« in einer Universitätskolonie durch oder beobachte ich lieber die Interaktionen in Privathaushalten?

In einer Kolonie habe ich die Situation besser unter Kontrolle als im Feld, d.h. ich kann »Störfaktoren« wie etwa das plötzliche Auftauchen eines fremden Tieres von unbestimmtem Alter und unbekannter Herkunft weitgehend ausschließen. Außerdem kann ich meine Beobachtungen an Tieren durchführen, deren Lebensgeschichte ich bestens kenne (denn sie kamen ja schon in der Kolonie zur Welt). Und nicht zuletzt kann ich unter standardisierten Bedingungen »experimentieren«, indem ich beispielsweise die Größe und die Zusammensetzung von Gruppen variiere, nur Tiere einer bestimmten Altersklasse oder nur die des einen Geschlechts beobachte. Im Feld wäre das ineffizient, wenn nicht ganz unmöglich.

Andererseits darf ein Wissenschaftler sich nicht zu weit von der Realität entfernen – das spricht wiederum für extensive Beobachtungen in Feld, Hof und Haushalt. Obwohl der Forscher bei diesem Vorgehen in der Regel keine Kontrolle über die Ereignisse hat, bekommt er oft ein besseres Gefühl dafür, wie das Tier im Zusammenhang mit seiner Umwelt funktioniert. Manchmal liefern ihm sogar die »Störungen« (wie die fremde Katze im obigen Beispiel) wesentliche Aufschlüsse über das Thema, das er erforscht: Wenn ich mich etwa für die räumliche Organisation einer Gesellschaft von Bauernhofkatzen interessiere, dann muss ich gerade die Häufigkeit von solchen »Fremdbesuchen« und die entsprechenden Reaktionen der heimischen Katzen erfassen.

»Versuche« sind im Feld schwieriger durchzuführen, einerseits wegen der oft ungünstigen Kombination von Tieren, die zu einem gegebenen Zeitpunkt vorhanden sind, andererseits wegen der unvorhersehbaren Störungen. Umso wichtiger sind dagegen aber die vielen nicht geplanten »Versuche«, die sich auf Grund einer natürlichen Veränderung der Situation anbieten, und der Vergleich von Felddaten, die in verschiedenen Regionen unter jeweils anders gearteten Bedingungen gesammelt wurden. Wenn eines Tages der Chefkater eines Gebiets in hohem Alter stirbt, wer übernimmt dann sein Revier (oder sein Weibchen)? Wie groß sind die Reviere der Tiere in einem Siedlungsgebiet, in dem die Katzen durchschnittlich zweimal täglich Dosenfutter bekommen, im Vergleich zu denjenigen in einer ländlichen Gegend? Auch hier müssen wir genügend »Fälle« beobachten oder ausreichende Daten über die Katzen in diversen Gebieten sammeln, um gesicherte Aussagen machen zu können.

Idealerweise, kombiniert man Feldstudien über das natürliche Verhalten frei laufender Katzen mit Haushalt- oder Koloniebeobachtungen.

Idealerweise werden Feldstudien langfristig mit Kolonie-Untersuchungen und/oder Beobachtungen in Privathaushalten kombiniert. Man kann eine breite Grundlage induktiven Wissens über das Tier »im Feld« schaffen und dann mittels kontrollierten Beobachtungen in einer Kolonie oder in einem Gehege »in die Tiefe bohren«. Umgekehrt kann man die bei einer Kolonie-Untersuchung festgestellten unwichtigen Elemente dann in einer Felduntersuchung ignorieren, bei der man es mit sehr vielen Faktoren zu tun hat, die das Verhalten potenziell beeinflussen. So wechselt man immer wieder zwischen Feld und Kolonie, zwischen zwei Vergrößerungen der Optik, mit deren Hilfe man das Tier betrachtet. Im Fachjargon sagt man, dass »Feld-« und »Haushalt-«Beobachtungen eine größere *externe* Validität mit sich bringen (d.h., sie sind realitätsbezogener), dass aber Aussagen aus standardisierten Kolonie-Beobachtungen eine größere *interne* Validität aufweisen (d.h., sie treffen sicherlich zu – aber *nur* unter diesen »standardisierten« Bedingungen).

Kontakt mit der Öffentlichkeit

Da die Katze eines der beliebtesten, gleichzeitig aber auch eines der verhasstesten Heimtiere ist, hat man viel mit der Öffentlichkeit zu tun, wenn man ihr Verhalten studiert. Das bringt gewisse Probleme mit sich (die nicht unbedingt auf Katzenstudien beschränkt sind), aber auch Vorteile, insofern man auf eine gute Zusammenarbeit mit privaten Katzenhaltern angewiesen ist. Zum Glück überwiegen die Vorteile, die nicht näher erläutert werden müssen. Doch möchte ich einige der häufiger auftretenden Probleme skizzieren und auch zu einigen kritischen Bemerkungen, die ich immer wieder höre, von vornherein Stellung nehmen.

Der Rat gebende Forscher Seit Beginn meiner Katzenprojekte 1983 stehe ich oft in der Öffentlichkeit (Zeitungs-, Zeitschriften-, Radio- und Fernsehinterviews und Gastvorträge im In- und Ausland) – gerade weil diese Tiere und ihre Beziehung zu uns so viele Menschen interessiert. Das hat zur Folge, dass mir oft Fragen von Rat suchenden Katzenhaltern mündlich (nach einem Vortrag), schriftlich (auch per E-mail) oder telefonisch gestellt werden. Nach öffentlichen Vorträgen beantworte ich gerne solche Fragen an Ort und Stelle, so gut ich kann. Schließlich wurde und wird meine Forschung zum Teil mit öffentlichen Geldern (z.B. durch den staatlichen Wissenschaftsfonds) finanziert, und ich betrachte es als meine Pflicht, der Öffentlichkeit so weit wie möglich Auskunft zu geben. Doch angesichts der großen Anzahl ist es mir unmöglich, auf schriftliche oder telefonische Anfragen einzugehen. Dafür konzentriere ich mich auf die berufliche Weiterbildung tierpsychologischen BeraterInnen, die genau das professionell tun.

Berater am Telefon

Die meisten Leute suchen Lösungen für »besondere« Probleme, die sie mit ihren Katzen (oder Hunden) haben. Oft sind diese Probleme allerdings gar nichts Besonderes, weshalb ich die am häufigsten vorkommenden in den Kapiteln 19 bis 21 generell behandle. Andererseits gibt es wirklich Sondersituationen oder individuelle Umstände, die eine genauere Abklärung (mehr Zeit als nach einem Gastvortrag zur Verfügung steht!) benötigen. Dann wenden Sie sich am besten an eine ausgewiesene tierpsychologische Beraterin/einen Berater, oder eine Tierärztin oder einen Tierarzt mit Zusatzausbildung in Verhaltenstherapie.

Der böse Forscher Manchmal ärgert es mich, wenn Personen, die keinen Einblick in den Wissenschaftsbetrieb haben, alle Tierforscher unterschiedslos in einen Topf werfen und als »Tierquäler« verdammen. Gewiss gibt es Forschungsprojekte, bei denen Tiere leiden, doch würde ich mich persönlich nicht an solchen Projekten beteiligen. (Ich bin auch Aktivmitglied mehrerer lokaler, einem nationalen, und sogar – im leitenden Ausschuss – eines weltweit tätigen Tierschutzvereins.) Zum Glück nimmt die Anzahl solcher Untersuchungen – dank immer strengerer Tierschutzgesetze und -auflagen – in den meisten Ländern stetig ab. Die Neigung zum Verallgemeinern besteht allerdings immer noch, was die folgenden Beispiele illustrieren.

Als ich meine damalige Katzenkolonie an der Universität mit acht (vom Tierschutzgesetz her gesehen völlig legal angeschafften) Tieren gründete und diese Katzen im großen Außengehege frei laufen ließ, dauerte es nur knapp eine Woche, bis die ersten Angriffe vom Extremisten erfolgten: Das Haupttor zum Gehege (ein verchromtes Stahlgitter) wurde eingedrückt, vermutlich mit einem Auto; mit Spraydosen wurden diverse Sprüche an die Außenmauern geschmiert. Ich beschloss, sofort in der lokalen Presse eine Informationskampagne über die Ziele und den Zweck meiner Forschung durchzuführen, und diese Bemühungen waren allmählich auch erfolgreich. Trotzdem gingen während des ersten Jahres immer wieder einzelne Personen langsam am Haupttor vorbei, um festzustellen, ob ihre verschwundene Katze sich unter unseren Tieren befand. (Es waren mit der Zeit um die dreißig Tiere in unserer Kolonie, da die acht Stammtiere je einen Wurf hatten.) Mit Vergnügen habe ich den damaligen Kritikern demonstriert, dass ein Gehege ganz anders aussieht, je nachdem, ob man es von draußen durch ein Gitter betrachtet oder sich drinnen aufhält – wo die Tiere leben. Auch, dass wir ein Gehege mit *unseren* Augen wahrnehmen und nicht mit den Augen (oder der Nase und den Ohren) des Tieres.

Ein zweites Beispiel betrifft den Gebrauch von Funksendern, die auf einem Ledergeschirr montiert waren, das die Katzen trugen; auf diese Weise konnte man frei laufende Katzen jederzeit orten. Wenn die Geschirre richtig angezogen und angepasst werden, behindern sie die Katze in ihrem täglichen Leben überhaupt nicht und bedeuten für sie keine Unfallgefahr. Doch wurden sie immer wieder von Sonntagsspaziergängern – aus »Mitleid« mit den Tieren – entfernt. Die Kosten für den Steuerzahler: zwischen 500 und 750 Schweizer Franken pro Sender! In Diskussionen mit Passanten in unserem damaligen Feldgebiet habe ich mehrfach zu hören bekommen, dass es wohl schon in Ordnung sei, solche Geräte bei anderen Tierarten anzuwenden, nicht aber bei unseren lieben Katzen, die sowieso immer aufzuspüren sind. Ich kann Ihnen versichern, dass es leichter ist, in Afrika größere Tiere aufzuspüren (die man fast täglich im Fernsehen mit solchen Funksendern ausgerüstet sieht) als hierzulande eine Hauskatze in den Gebäuden eines Bauernhofes, in Maisfeldern oder in hohem Gras. Aber die Katze ist eben anders, etwas Spezielles, nahezu Menschenähnliches!

Der gefühllose Forscher Der Vermenschlichung der Tiere (Anthropomorphismus) steht die nüchterne Objektivität der Wissenschaftler gegenüber; diese Distanz bei der Betrachtung der Tiere erweckt oft den Eindruck einer gewissen »Kälte des Herzens«. Patrick Bateson und ich haben dieses Problem im Zusammenhang mit der Frage: »Können Katzen denken?« erläutert: Viele Besitzer, die ihre Katzen genau beobachten und eine gute Beziehung zu ihnen haben, sind davon überzeugt, dass die Tiere »absichtsvoll« handeln, und es sieht mitunter ganz so aus, als würden sie wie Menschen denken. Doch projizieren wir unsere eigenen Gefühle und bewussten Wahrnehmungen in die Katze hinein, und dann handeln sie so, wie wir es voraussagen würden. Das ist jedoch kein Beweis dafür, dass sie tatsächlich so denken oder fühlen! Der Ethologe findet oft eine andere, meist einfachere Erklärung für das beobachtete Verhaltensmuster, ohne besondere kognitive oder affektive Fähigkeiten beim Tier voraussetzen zu müssen. Doch ist das wiederum auch kein Beweis dafür, dass die Tiere nicht solche Fähigkeiten besitzen!

Außerdem kann eine zu starke »Verobjektivierung« des Tieres dazu führen, dass man es nur noch als eine Art Maschine betrachtet, die Komplexität seines Verhaltens unterschätzt und die Verhaltensforschung in Verruf bringt. Ich empfehle deshalb eine Kompromisslösung: Der Laie sollte für andere Erklärungsmöglichkeiten etwas offener sein und nicht immer gleich bewusstes Handeln seitens des Tieres annehmen. Der Ethologe sollte – wie schon von Martin und Bateson empfohlen – alle potenziellen Hilfsmittel, also auch anthropomorphistische Vorstellungen einsetzen, um neue Ideen und Hypothesen zu entwickeln, und diese dann mit streng analytischem Denken zu überprüfen.

Die teuren Forscher Auch dieses Problem muss einmal mit aller Deutlichkeit angesprochen werden. Jede Art von Forschung ist heutzutage eine kostspielige Angelegenheit, doch sind die meisten Gesellschaften – in Ost und West – bereit, entsprechende Investitionen zu tätigen. Die ethologische Forschung ist verhältnismäßig »preiswert«, da die Wissenschaftler, abgesehen von einigen kleineren Geräten (wie z. B. Radio-Telemetrie-Einrichtungen, Datenerfassungsgeräten, Videokameras und PCs), selten teure Spezialapparate benötigen. Kosten entstehen eher durch Fahrtspesen (bei

Feldstudien und Haushaltbesuchen) und/oder durch die Tierhaltung selbst (im Fall von Kolonic-Untersuchungen). Personalkosten – für Forschungsassistenten, allenfalls Tierpfleger – fallen bei allen Arten von Projekten und Studien an. Trotzdem summieren sich die Kosten eines Projektes, das im Fall von Verhaltensbeobachtungen leicht mehr als ein Jahr dauern kann, rasch zu beträchtlichen Summen, was die Forscher dazu zwingt, finanzielle Unterstützung von außerhalb zu suchen.

So wurde beispielsweise ein Teil meiner Katzenforschung durch einen staatlichen Wissenschafts-Fonds unterstützt, ein anderer Teil mit Geldern aus dem privatwirtschaftlichen Sektor finanziert. Dieser Umstand bewirkt nicht selten, dass Augenbrauen fragend hochgezogen werden, oder ruft sogar offenes Misstrauen gegenüber dem hervor, was ich über Katzen erzähle. Das ist bedauerlich, aber wahrscheinlich hierzulande nicht so schnell zu ändern. In meiner Heimat, den Vereinigten Staaten, ist eine enge Zusammenarbeit zwischen Universitäten, Privatinstitutionen und Industrie nicht mehr wegzudenken, vor allem weil sie – auf beiden Seiten – zu größerer Produktivität und Effizienz geführt hat und natürlich auch zur Entlastung des ohnehin stark beanspruchten staatlichen Forschungshaushalts beiträgt. Wichtig ist dabei jedoch, dass der Wissenschaftler weiterhin die uneingeschränkte Kontrolle über die Veröffentlichung seiner Ergebnisse hat, auch wenn sie für den Geldgeber aus dem privatwirtschaftlichen Bereich nicht unbedingt positiv ausfallen. Mit den bisherigen Unterstützern meiner Forschung aus der Privatwirtschaft hatte ich nie solche Probleme, nicht einmal ansatzweise.

Der faule Forscher Wie wir im nachfolgenden Abschnitt anhand einiger Beispiele aus meinen eigenen Katzenstudien sehen werden, braucht der Verhaltensforscher bei seiner Arbeit sehr viel Geduld. Tiere ruhen sich manchmal aus oder sie verweilen lange Zeit untätig an einem Ort, und der Forscher, der sie verfolgt und beobachtet, muss am selben Ort ausharren – still dastehend oder auch sitzend – gleichviel, ob es nun Minuten oder Stunden dauert, bis sich wieder etwas tut!

Uninformierte Personen könnten bei Feldstudien den Eindruck bekommen, der Forscher sei ein »fauler Kerl«. Ich erinnere mich noch gut an einen Kollegen, der das Verhalten von Brüllaffen studierte, die hoch oben in den Baumkronen Costa Ricas leben. Da er ständig (und das heißt wirklich stundenlang!) nach oben schauen musste, kam er schließlich auf die Idee, ein Faltbett mit sich zu tragen; er stellte es auf, wenn seine Affengruppe stationär blieb, und protokollierte ihr Verhalten in liegender Stellung. Die Einheimischen fanden das nicht nur lustig, sondern sahen darin auch eine Bestätigung ihrer Eindrücke, was die Motivation der Feldforscher anging!

Wenn Sie noch Zweifel haben, dann machen Sie doch einfach einmal den Versuch, über mehrere Tage (meistens Monate) hinweg mit einer frei laufenden Katze stundenlang in Sichtkontakt zu bleiben. Sie werden sehr schnell feststellen, dass Geduld nicht mit Faulheit gleichzusetzen ist.

Zum Glück erfordern nicht alle unsere Fragen und Hypothesen ein kontinuierliches Beobachten der Tiere (die so genannte Fokustier-Methode); es gibt andere Methoden, um Stichproben zu machen; auf diese Methoden gehe ich nun im Folgenden kurz ein, wenn ich darüber spreche, wie man Verhaltensforschung an Katzen betreibt.

Wie man bei der Erforschung des Katzenverhaltens vorgeht

Mit zwei Beispielen aus meinen eigenen Forschungsarbeiten möchte ich illustrieren, wie man das Verhalten dieser Tiere »studieren« kann. Das erste Beispiel liefert eine von Claudia Mertens, meiner wissenschaftlichen Mitarbeiterin, und mir bereits veröffentlichte Studie über die räumliche Organisation einer Bauernhofkatzen-Population – es handelt sich also um eine Feldstudie über frei laufende Tiere. Das zweite Beispiel stammt ebenfalls aus einer schon veröffentlichten Studie von Mertens und mir, allerdings über Mensch-Katze-Interaktionen in einer standardisierten Begegnungsumgebung – meiner damaligen Katzenkolonie an der Universität.

Ganz allgemein gesprochen und ausgehend von dem Verfahren, das von Martin und Bateson in ihrer Einführung für Ethologen beschrieben wurde, kann man sieben oder acht aufeinander folgende Schritte bei der Erforschung des Tierverhaltens unterscheiden:

1) eine Frage stellen;
2) Pilotbeobachtungen dazu durchführen und Hypothesen formulieren;
3) anhand der Hypothesen Voraussagen über das Verhalten der Tiere machen;
4) entscheiden, welche Verhaltens-Variablen (Verhaltenselemente oder Verhaltensmuster) aufgenommen werden müssen, um die Voraussagen überprüfen zu können;
5) Geeignete Methoden der Datenaufzeichnung wählen, um diese Variablen zu erfassen;
6) Die eigentlichen Daten (nicht also Pilotdaten) sammeln;
7) Die Daten mit geeigneten statistischen Werkzeugen auswerten und die Hypothesen somit überprüfen; und nicht zuletzt
8) die Ergebnisse, zumindest unter Fachkollegen, verbreiten.

Beispiel für eine Feldstudie

1) Die Fragen stellen: Wie sind die Katzen einer ländlichen Gegend räumlich organisiert? Wie nutzen sie ihre »Reviere« aus? Sind ihre Reviere exklusiv oder dulden sie andere Katzen?
2) Pilotbeobachtungen und Hypothesen: In unserem Fall schloss diese Phase die folgenden Punkte ein: Zuerst mussten wir ein landwirtschaftliches Gebiet finden, das a) gut überschaubar und (von der Universität) nicht allzu weit entfernt war, b) einen genügend großen Katzenbestand aufwies und c) Bauern oder Katzenbesitzer hatte, die uns die Erlaubnis geben würden, mit ihren Tieren und auf ihrem Land zu arbeiten. Dann haben wir begonnen, das Gelände mit Hilfe einer guten Gebietskarte genauer zu studieren und natürlich auch die dort lebenden Katzen kennen zu lernen. Da unsere erste Studie in jenem Gebiet das Ziel hatte, das räumliche Organisations- und Ausnützungsmuster beschreibend zu erfassen, hatten wir wenige konkrete Hypothesen: Nach den Pilotbeobachtungen und den Hinweisen in der Fachliteratur war zu erwarten, dass sich die Home-Ranges (Streifgebiete) der Katzen eines sol-

Es ist gar nicht einfach, freilaufende Katzen zu Forschungszwecken im Auge zu behalten.

chen Gebietes nicht überlappen würden; diese fehlende Über-lappung der Home-Ranges der verschiedenen Katzen ist darauf zurückzuführen, dass Tiere ihre Gebiete verteidigen (territoriales Verhalten) oder (eine alternative Hypothese) die Artgenossen sich gegenseitig vermeiden; bestimmte Areale innerhalb des Streifgebiets werden für bestimmte Aktivitäten wie Jagen, Schlafen usw. benutzt.

3) Voraussagen machen: Wenn man das ganze Gebiet in kleinere Quadrate aufteilen und über einen längeren Zeitraum hinweg die Aufenthaltsorte aller Katzen registrieren würde, sollte man feststellen können, dass jedes Quadrat nur von einem Tier benutzt wird und dass in bestimmten Quadraten (oder in mehreren benachbarten Quadraten) die Katze vorwiegend nur einer Art von Aktivität nachgeht. Wenn die Streifgebiete verteidigt werden, würde man aggressive Interaktionen beobachten können, wenn sich benachbarte Tiere treffen. Wenn sich die Tiere nur aus dem Weg gehen, würde man keine simultane Belegung der Quadrate erwarten, aber auch wenig Aggressionen, wenn sie sich zufälligerweise am Rand eines Streifgebiets begegnen.

4) Das aufzunehmende Verhalten bestimmen: In diesem Fall ist vor allem die Anwesenheit eines Tieres an einem bestimmten Ort (oder in einem bestimmten Quadrat der Gebietskarte) zu registrieren, doch auch andere Verhaltenselemente, -muster und -zustände, wenn man feststellen will, was das Tier dort tut.

In der Ethologie registriert man das beobachtete Verhalten mit Hilfe von präzise definierten und verlässlich protokollierbaren Verhaltens-»Elementen«, die in einem »Ethogramm«, einer Art Verhaltensinventar oder -katalog für die jeweilige Tierart, zusammengefasst werden. Die Forscher können dann einen bestimmten Verhaltensablauf als eine Kette von aufeinander folgenden Elementen (oder Aktivitäten) betrachten. Sie unterscheiden zwischen »Ereignis-Elementen« (oder Ereignissen, wenn mehrere Schlüsselelemente zusammen in einem immer wieder auftretenden Muster vorkommen) und Verhaltens-»Zuständen«, meist Aktivitäten wie Jagen, Schlafen, Ruhen oder Sitzen, die in der Regel länger andauern. Je nach Fragestellung protokolliert man a) alle beobachteten Ereignisse, b) jedes Vorkommen bestimmter Ereignisse, c) die aufeinanderfolgenden Verhaltenszustände eines bestimmten Tieres (eines so genannten

Fokustieres) oder d) die zu einem bestimmten Zeitpunkt gegebenen Verhaltenszustände aller Tiere, die sich im Sichtfcld dcs Beobachters aufhalten.

In unserem Fall haben wir die Anwesenheit einer Katze in einem bestimmten Quadrat als ein Ereignis taxiert; ferner wurde ihr dortiges Verhalten als ein Zustand erfasst. Sämtliche sozialen Interaktionen zwischen den Katzen – aber insbesondere aggressive Handlungen – wurden als Ereignisse protokolliert.

5) Datenaufnahme-Methoden wählen: Niemand kann alles, was wahrgenommen wird, aufnehmen oder 24 Stunden am Tag ununterbrochen beobachten. Wir nehmen bestenfalls Stichproben des Verhaltens auf; die Wahl der Stichproben-Methode muss daher der Fragestellung entsprechen. In Prinzip haben wir die Wahl zwischen einer »Überblicksstichprobe«, wobei der Beobachter alle vorhandenen Tiere kurz nacheinander »überblickt« (oder alle Tiere einmal pro Zeitintervall kurz aufsucht), und einer »Fokustier-Stichprobe«, bei der man einem Tier für eine Weile nachfolgt und es beobachtet. Da wir zu Beginn unserer Feldstudie nicht wussten, welche Methode die geeignetste sein würde, und mehrere Fragen gleichzeitig beantworten wollten, haben wir sowohl Überblicks- als auch Fokustier-Stichproben aufgenommen. Wie bereits erwähnt, haben wir sowohl Ereignisse als auch Verhaltenszustände protokolliert.

Um den Aufenthaltsort eines Tieres protokollieren zu können, entschieden wir uns für ein Koordinatensystem auf der Karte; die von uns vorgenommene Einteilung entsprach Quadraten von 50 x 50 Metern Seitenlänge. Da wir zwei unabhängig (wohl jedoch koordiniert) arbeitende Beobachter waren, haben wir unsere Protokolle, die das gleiche Tier betrafen, in einer Art Verlässlichkeitstest verglichen.

Damit wir die Katzen des Gebiets immer wieder auffinden konnten, haben wir sie (d.h. die meisten erwachsenen Tiere) mit den oben erwähnten Funksendern ausgerüstet. Dann waren wir so weit.

6) Die eigentlichen Daten sammeln: An bestimmten Tagen haben wir im Laufe eines Zeitraums von mehr als einem Jahr – damit saisonale Unterschiede auch erfasst wurden – tagsüber (da Katzen heute ebenfalls tagaktiv sind) einmal pro Stunde alle erwachsenen Katzen des Gebietes kurz aufgesucht, ihre Aufent-

haltsorte registriert und ihr Verhalten notiert. An anderen, ebenfalls nach Jahres- und Tageszeit ausbalancierten Tagen, haben wir ausgewählte Fokustiere den ganzen Tag lang beobachtet (ein Tier pro Tag), ihre sukzessiven Aufenthaltsorte (d.h. ihre Bewegungsrouten) auf der Karte eingetragen und all ihre sozialen Interaktionen mit anderen Katzen protokolliert.

7) Die Daten auswerten und Hypothesen überprüfen: Es waren mehr als sechs Mann-Monate Arbeitszeit nötig (es dauerte effektiv über ein Jahr), um diese große Datenmenge auszuwerten. Unter anderem mussten Home-Range-Karten für alle Tiere angefertigt und nach Überlappung der von den verschiedenen Katzen benutzten Quadrate sowie nach intensiv benutzten speziellen Gebieten untersucht werden. Ereignisse wie Begegnungen zwischen zwei Tieren mussten ausgezählt und der Verlauf solcher Begegnungen ausgewertet werden. Am Schluss konnten wir tatsächlich die oben erwähnten Hypothesen prüfen und die Daten – im Zusammenhang mit den Ergebnissen unserer Kollegen, die Katzen andernorts unter anderen Bedingungen untersuchten – interpretieren. (Unsere Befunde werden in Kapitel 10 genauer erläutert.)

8) Die Ergebnisse verbreiten: Weitere drei Mann-Monate wurden benötigt, um das wissenschaftliche Manuskript (Text und Abbildungen) fertig zu stellen. Nach dem Einreichen des Manuskripts wurde es von uns unbekannten Fachkollegen begutachtet und gutgeheißen (dieses Mal innerhalb von zwei Monaten – eine sehr kurze Zeitspanne). Der Artikel wurde etwa zehn Monate später in der Fachzeitschrift abgedruckt (dies geschah wiederum außergewöhnlich schnell). Geduld muss man sonst schon oft haben, da man eigentlich die Forschungsergebnisse vor der Veröffentlichung des Manuskripts nicht schriftlich erwähnen soll. Deshalb sind wissenschaftliche Kongresse, an denen die neuesten Ergebnisse mündlich mitgeteilt und diskutiert werden (meistens lange Zeit, bevor sie in der Fachliteratur erscheinen), so enorm wichtig für die Forschung.

Beispiel für eine Kolonieuntersuchung zu Mensch-Katze Interaktionen

1) Die Fragen stellen: Gibt es Unterschiede im Sozialverhalten von Katzen gegenüber Männer, Frauen, Mädchen und Jungen wäh-

rend Erstbegegnungen mit unbekannten Personen? Gibt es Unterschiede im Sozialverhalten gegenüber Katzen zwischen Männer, Frauen, Mädchen und Jungen bei Erstbegegnungen?

2) Pilotbeobachtungen und Hypothesen: Zum Zeitpunkt dieser Studie gab es praktisch keine ethologischen Untersuchungen (Vergleiche basierend auf beobachtetem Verhalten) der sozialen Interaktionen zwischen Katzen und Menschen. Als erster Schritt zum ethologischen Verständnis einer sozialen Beziehung (sei es zwischen Menschen oder zwischen Mensch und Tier) benötigt man eine detaillierte, quantitative Beschreibung des beobachteten Sozialverhaltens. Erst dann kann man die Faktoren untersuchen, welche verdachtmäßig das Verhalten beeinflussen. Wir hatten allerdings aus der Populärliteratur den Verdacht (Hypothesen kamen erst später dazu), dass die folgenden Faktoren einen Einfluss auf das Verhalten der Katzen haben würden: Geschlecht des Tieres, seine Individualität (der persönliche Verhaltensstil einer Katze), Geschlecht und Alter des menschlichen Interaktionspartners. Auf der Seite des menschlichen Verhaltens erwarteten wir Unterschiede in Abhängigkeit des Geschlechts des Partners (dass Frauen anders mit Katzen interagieren als Männer) und einen Alterseffekt (weil Erwachsene evtl. mehr Erfahrung mit Katzen haben und weil Kinder evtl. spontaner in ihrem Verhalten sind).

3) Voraussagen machen: Weil dies eine so genannte »exporative«, ja sogar eine Pilotstudie war, die erstmals ethologische Interaktionsdaten zwischen Katzen und Menschen aufnahm und analysierte, hatten wir keine weiteren Voraussagen und untersuchten alle soeben erwähnten, potenziellen Einflussgrößen.

4) Das aufzunehmende Verhalten bestimmen: Verschiedene Verhaltenselemente wurden so definiert, dass sie verlässlich ab Videoaufnahmen der Begegnungen entlang einer realen Zeitachse »abprotokolliert« werden konnten: Sich annähern, sich entfernen, Beriechen der Person, Kopf- und Flanke-Reiben an der Person, Streicheln der Katze, Spielen und Vokalisieren. Sowohl Katzen- wie auch menschliches Verhalten wurden so aufgenommen, dass wir Latenzzeiten (z. B. Sekunden bis zum ersten Kontakt), Dauer (z. B. von physischem Kontakt zwischen beiden Partnern) und Häufigkeiten (z. B. wie oft Kontakt während eines »Versuchs« etabliert wurde) registrieren konnten.

Wissenschaftler beobachten hinter einer verspiegelten Scheibe...

5) Datenaufnahme-Methoden wählen: Wir beschlossen, diese ersten Beobachtungen von Mensch-Katze-Interaktionen unter den Standardbedingungen des Beobachtungsraums an der damaligen Katzenkolonie durchzuführen. 19 Koloniekatzen (10 kastrierte Kater, 4 kastrierte und 5 intakte Weibchen; alle domestizierte Mischlinge im Alter zwischen 15 und 24 Monate) begegneten insgesamt 240 freiwilligen Versuchspersonen (gleich verteilt zwischen Frauen, Männer, und Mädchen und Jungen im Alter von 6 bis 10 Jahren) – jeweils eine Katze mit einer Person während 5, respektive 10 Minuten. Während der Hälfte der Begegnungen, wurde (nur) auf das Verhalten der Katze geachtet: Während der ersten 5 Minuten durfte die Person NICHT mit der Katze interagieren, musste ruhig sitzen und eine altersgerechte Zeitschrift anschauen. Hier ging es um das spontane Verhalten der Katzen gegenüber nicht-agierenden, nicht-interagierenden Menschen verschiedenen Alters und Geschlechts.

Während der zweiten Hälfte der Begegnungen durften die Versuchspersonen von Beginn an und für 5 Minuten tun, was sie wollten. Hier wurde auf das Verhalten der Menschen geachtet. Jeder Katze begegneten 12 (bis 13) Personen, verteilt zwischen den Personentypen und den zwei Versuchstypen (10 Minuten in zwei Phasen, oder nur 5 Minuten). Beobachtet, respektive mit Videokamera aufgenommen, wurde durch ein Einweg-Fenster, nachdem die Versuchsperson an einem Tisch saß und die Katze durch ein Katzentor in den Raum hineingelassen wurde.

6) Die eigentlichen Daten sammeln: Über ein Jahr dauerte (nur!) die Datenaufnahme, dies wegen des Ausbalancierens der Tiere und Versuchstypen (wir wollten unsere Katzen auch nicht stressen!), die Verfügbarkeit der freiwilligen Teilnehmer (Kinder kamen in Begleitung ihrer Eltern nur an schulfreien Nachmittagen), und das zeitraubende Abprotokollieren der Videobänder.

7) Die Daten auswerten und Hypothesen überprüfen: Die Daten wurden dann dem Großrechner der Universität »gefüttert« und mit den geeigneten statistischen Verfahren analysiert (so genannte »Varianzanalysen« mit darauffolgender Überprüfung der Hypothesen durch *post hoc*-Vergleiche). Weitere drei Monate vergingen.

8) Die Ergebnisse verbreiten: Dann schrieben Mertens und ich das wissenschaftliche Manuskript (zwei Monate) und reichten es bei der wichtigsten Fachzeitschrift auf dem Gebiet der Mensch-Tier-Beziehungen, *Anthrozoös*, ein. Es wurde anonym von Fachkollegen begutachtet, akzeptiert mit kleineren Revisionen, und etwa sechs Monate später veröffentlicht. Erst dann konnten wir die Ergebnisse einer breiteren Öffentlichkeit im Rahmen von Vorträgen – und auch wieder zusammengefasst in diesem Buch (siehe Kapitel 13) – vorstellen.

...wie Mensch und Katze miteinander interagieren.

Abschließend möchte ich erwähnen, dass die Ergebnisse dieser Kolonieuntersuchung später durch Beobachtungen in einer »realistischen« Umgebung, nämlich in Privathaushalten, bestätigt wurden. Ebenfalls, dass alle Katzen meiner damaligen Kolonie im Alter von etwa drei Jahren bei Privatpersonen platziert wurden und größtenteils ein hohes Alter erreichten. Wir haben unsere 30 Katzen nur so lange wie nötig für standardisierte Beobachtungen und unter sehr guten Bedingungen gehalten; doch als wir Methoden entwickelten, um die Störfaktoren bei Beobachtungen in Privathaushalten auszubalancieren, beschloss ich, die Kolonie zu schließen. Auf der einen Seite konnten wir »unseren« Katzen einen verdienten Ruhestand bieten; auf der anderen die Kosten für den Unterhalt (Nahrung und veterinärmedizinische Betreuung von so vielen Tieren, was nicht zu unterschätzen ist) einsparen und für weitere Studien einsetzen.

24. Wie können Sie mehr über Ihre Katze und von ihr lernen?

Wie allgemein bekannt sind Katzen ausgesprochene Individualisten. Wenn man etwas über die Katze schlechthin erfahren will, findet man leider nur einige wenige Werke, denen man Durchschnitts-, Höchst- und Tiefstwerte entnehmen kann. Aber meistens will man wissen, wo die eigene Katze im Verhältnis zur »Durchschnittskatze« einzuordnen ist, oder Sie möchten erfahren, weshalb Ihre Katze ein bestimmtes Verhaltensmuster zeigt und was es für sie bedeutet. Beide Arten von Fragen setzen voraus, dass Sie Ihre eigene Katze gut kennen, was wiederum bedeutet, dass Sie sie schon ziemlich genau beobachtet haben müssen. Sie können tatsächlich selber vieles über Ihr eigenes Tier und von ihm lernen, und ich möchte Ihnen nun einige Tipps geben, die Ihnen dabei helfen sollen. Aber denken Sie bitte daran: Was Sie feststellen, gilt möglicherweise nur für Ihre eigene Katze und kann nicht ohne weiteres verallgemeinert werden (siehe dazu auch Kapitel 22).

Sie möchten mehr über das Verhalten Ihrer Katze im Freien erfahren?

Am besten besorgen Sie sich gleich eine übersichtliche Karte Ihres Wohngebiets.

Die meisten Gemeinde- und Stadtverwaltungen haben z. B. einen Zonen- oder Kanalisationsplan und sind bereit, einen solchen Plan gegen eine geringe Gebühr abzugeben oder zu fotokopieren. Sonst fertigen Sie selber eine Skizze Ihres Wohngebiets an, auf der zumindest alle Gebäude und Straßen als Bezugspunkte eingezeichnet sein sollten. Machen Sie sich dann einige Fotokopien davon (eine sollten Sie immer als saubere Vorlage für spätere Kopien behalten), da eine Karte überraschend schnell »ausgefüllt« sein kann. Da sich Ihre Auslaufkatze wahrscheinlich auch auf fremden Grundstücken bewegen wird, sollten Sie Ihre Nachbarn »vorwarnen«, ihnen erklären, was Sie tun möchten und weshalb, und sie um die Erlaubnis bitten, gegebenenfalls auch ihren Besitz zu betreten. Ist jemand nicht damit einverstanden, so ärgern Sie sich nicht – es bringen eben nicht alle Grundbesitzer das gerade für Katzen und Katzenliebhaber nötige Verständnis auf; es ist zudem durchaus möglich, dass Sie von einem geeigneten Standort aus die »verbotenen« Abschnitte anderer Parzellen überblicken können. Ansonsten gibt es nun einmal einen »weißen Fleck« auf ihrer Karte, und weder Sie noch der betreffende Grundeigentümer werden erfahren, was Ihre Katze wirklich auf seinem Grundstück tut. Trotzdem werden Sie höchstwahrscheinlich Ihre Neugierde befriedigen und die Sie interessierende Frage bezüglich Ihrer Katze beantworten können.

Verfolgen Sie nun Ihre Katze, wenn Sie einige freie Stunden haben – tagsüber, damit die Nachbarn nicht das Gefühl haben, Sie spionieren in ihrem Privatleben herum –, sobald sie nach der morgendlichen Fütterung zu ihrem Streifzug aufbricht. Halten Sie soweit Abstand, dass Sie Ihr Tier gerade noch sehen; drängen Sie es nicht. Manchmal braucht es ein bisschen Übung, bis Sie die richtige Distanz gefunden haben. Wenn Ihre Katze sich umsieht, so schauen Sie immer weg. Nur wenn das Tier direkt auf Sie zukommt, dürfen Sie kurz mit ihm sprechen; streicheln Sie es aber nicht, denn sonst bleibt es in Ihrer Nähe und wartet ab, was Sie als nächstes tun! Was auch immer Ihre Katze gerade tut, intervenieren Sie nie – auch wenn es Ihnen nicht gefällt! Mit einem feinen, wasserfesten

Wenn Sie mehr über Ihre Katze erfahren wollen, folgen Sie ihr unauffällig.

Stift tragen Sie nun auf der Karte die von dem Tier zurückgelegte Strecke ein, wobei Sie für »besondere Vorkommnisse« wie Begegnungen mit anderen Katzen, Markierstellen, Liegeplätze usw. einen auffälligen Punkt auf der Route einzeichnen. Nummerieren Sie diese Referenzpunkte, und machen Sie sich in einem mitgeführten Heftchen Notizen mit der gleichen Referenznummer. Falls Ihre Katze das »Verfolgen« nicht gestattet oder zu sehr von Ihnen gestört wird, können Sie auch gelegentliche Beobachtungen auf zwei verschiedenen Karten eintragen: Wenn Sie Ihr Tier zufällig irgendwo draußen sichten, bringen Sie einen unnummerierten Punkt an der entsprechenden Stelle der Streifgebietkarte an. Für das Registrieren zufälliger Beobachtungen von besonderen Ereignissen halten Sie eine zweite Karte und ein weiteres

Notizheftchen bereit. Wenn Sie an etwa zehn Tagen mit Erfolg die erste Methode (die so genannte »Fokustiermethode«) anwenden und nach der zweiten Methode vorgehen, bis Sie etwa fünfzig zufällige Sichtungen gesammelt haben, und die Ergebnisse dann auf einer Karte zusammenfassen, werden Sie sehr viele Informationen über das Streifgebiet und das Verhalten Ihres Tieres besitzen. Schauen Sie sich in Ruhe die zusammengetragenen Daten an, und versuchen Sie, Ihre Fragen selbst zu beantworten: Wo geht Ihre Katze überall hin? Wie weit entfernt sie sich vom Haus? Wo begegnet sie am häufigsten anderen Artgenossen? Hat sie bevorzugte Routen, Liegeplätze, Kotplätze, Jagdplätze? Interpretieren Sie nicht zu viel, sondern nehmen Sie nur zur Kenntnis, was die Daten Ihnen sagen! Ich bin überzeugt: Sie werden staunen, wie viel Neues Sie über Ihre Gefährten lernen.

Sie möchten erfahren, weshalb Ihre Katze etwas Bestimmtes tut?

Nehmen wir an, es geht um ein Verhaltensmuster Ihrer Katze, das nicht in einem Fachbuch beschrieben und erklärt ist – also ein eher »eigenartiges« Benehmen. Zunächst versuchen Sie, das fragliche Verhaltensmuster klar und eindeutig abzugrenzen. (Ein Ethologe würde es »definieren«.) Was ist das wichtigste Element dieses Verhaltens, das immer gezeigt wird? Notieren Sie jedes Mal, wenn Sie eine entsprechende Beobachtung machen, in einem Heft *die näheren Umstände*; beschreiben Sie zumindest stichwortartig die verschiedenen Situationen, in denen das Verhalten gezeigt wird. Diese Aufzeichnungen sind so genannte »Kurzszenen«, die über die Bedeutung einer bestimmten Verhaltensweise Aufschluss geben können, wenn man sie als Gesamtbild betrachtet. Sie müssen aber hier bei der Interpretation Ihrer Beobachtungen besonders vorsichtig sein. Dass die Katze immer wieder in einer bestimmten, von Ihnen beobachteten Situation ein bestimmtes Verhalten zeigt, bedeutet nicht, dass sie es nicht auch in anderen Situationen, die Sie nicht beobachtet haben, zeigen würde. Wenn Sie einmal ziemlich sicher sind, das Verhalten zu verstehen, so denken Sie sich selbst eine Testsituation aus, durch die Ihre Interpretation überprüft und eine alternative Erklärung ausgeschaltet werden kann. Aber vergessen Sie nicht, dass immer noch weitere Alternativerklärungen möglich sind! Auch wir Wissenschaftler können unsere Hypothesen letztlich nur untermauern, nicht aber beweisen.

Auf jeden Fall ist es sehr wichtig, dass Sie die Beobachtungen, die Sie im Freien und im Haus machen, persönlich aufschreiben, und zwar sofort nach dem Geschehen. Sonst besteht die Gefahr, dass Sie die Informationen im Gedächtnis schon »filtrieren«, Ihre späteren Beobachtungen dadurch beeinflusst werden und Sie nur das sehen, was Sie glaubten, am Anfang schon gesehen zu haben. Erst wenn Sie in Ruhe alle Ihre Beobachtungen als Ganzes betrachten, kann und soll ein ordnendes Prinzip zum Vorschein kommen – und das ist Ihr Wissensgewinn über Ihr Tier!

Schlusswort

Hoffentlich gelingt es Ihnen, Antworten auf Ihre Fragen zu bekommen. Aber diese Fragen *(und dieses Buch)* stellen nur einen Anfang dar: Auch wenn wir »alle« aktuellen Fragen aufzählen würden, müsste die Liste unvollständig bleiben, weil so schnell, wie die alten beantwortet werden, immer wieder neue Fragen auftauchen. Die Katze wird nie all ihre Geheimnisse preisgeben, doch wir werden uns ewig, so hoffe ich, an der Gesellschaft dieses geheimnisvollen Tieres erfreuen können!

Quellen

Wenn Sie an dem detaillierten wissenschaftlichen Literaturverzeichnis interessiert sind, mailen Sie bitte an: Info@kosmos.de Betreff: Heimtiere – Turners Katzenbuch.

Elliot, T.S.: Old Possums Katzenbuch. Englisch und Deutsch. Suhrkamp-Verlag, 1972.
Leyhausen, Paul: Katzen – Eine Verhaltenskunde. Paul Parey-Verlag 1979.
Turner, D.C:: Das sind Katzen. Müller-Rüschlikon-Verlag 1989.
Turner, D.C.: Die Mensch-Katze-Beziehung. Enke-Verlag 1995.
Turner, D.C.: Das Verhalten von Hunden und Katzen. Berührungspunkte zwischen Mensch und Tier. Vierteljahresschrift der Naturforsch. Gesell. Zürich, 147(2): 51–61. 2002.
Turner, D.C.: Katzen lieben und verstehen. Kosmos-Verlag 1996.
Turner, D.C.: The human-cat relationship. In: I. Robinson (Ed.), The Waltham Book of Human-Animal Interactions: benefit and responibilities. Pergamon/Elsevier Science Ltd., Oxford 1995.
Turner, D.C. and Bateson, P. (Eds.): The Domestic Cat: the biology of its behaviour, Second edition. Cambridge University Press, Cambridge 2000.

Turner, D.C. und P. Bateson (Hrsg.): Die domestizierte Katze. Eine wissenschaftliche Betrachtung ihres Verhaltens. Albert Müller Verlag, Rüschlikon, Zürich 1988.
Turner, D.C. und P. Mertens: Verhalten, störendes Verhalten und Verhaltensstörungen. In: M.C. Horzinek, V. Schmidt und H. Lutz (Hrsg.), Krankheiten der Katze. Enke Verlag 2003.

Zum Weiterlesen

Ballner, Maryjean: **Streichelmassage für Katzen.** Kosmos 2000.
Becvar, Dr. Wolfgang: **Naturheilkunde für Katzen.** Kosmos 2003.
Brixner, Saskia: **Gesundheit und Fitness für Katzen.** Kosmos 1999.
Faustmann, Ingo: **Katzensprache.** Kosmos 1999.
Grimm, Hannelore: **So fühlt sich meine Katze wohl.** Kosmos 2002.
Grimm, Hannelore: **Glückliche Wohnungskatzen.** Kosmos 2002.
Hensel, Wolfgang: **Deine Katze.** Kosmos 2002.
Johnson, Pam: **Katzen auf der Couch.** Kosmos 1998.
Johnson, Pam: **Katzenpsychologie.** Kosmos 1998.
Kraa, Gisela: **Bachblüten für Katzen.** Kosmos 2002.
Lauer, Isabella: **Meine Katzen.** Kosmos 1998.
Lauer, Isabella: **Wenn Katzen reden könnten.** Kosmos 2003.

Mahkorn, Dr. Medea-Rachel: **Erste Hilfe für meine Katze.** Kosmos 2002.
Metz, Gabriele: **So verwöhne ich meine Katze.** Kosmos 2003.
Tellington-Jones, Linda: **TTouch für Katzen.** Kosmos 2003.
Wolf: **Dr. Wolf Tiersprechstunde für Katzen.** Kosmos 2003.

Nützliche Adressen

1.Deutscher Edelkatzen-Züchterverband e.V. (DEKZV)
Berliner Str. 13
35614 Asslar
Tel. 06441-8479
www.dekzv.de

Österreichischer Verband für Zucht und Haltung von Edelkatzen (ÖVEK)
Liechtensteinerstr. 126
A-1090 Wien
Tel. 0222-3196423
www.oevek.at

Féderation Féline Helvétique (FFH)
Solothurner Str. 83
Ch-4053 Basel
www.ffh.ch

Institut für angewandte Ethologie und Tierpsychologie (Dr. Dennis C. Turner; Direktor)
www.turner-iet.ch

V.I.E.T.A. (Verband I.E.T.)
Vorderi Siten 30
CH-8816 Hirzel
www.vieta.ch

Dank

EineReihe von Personen und Institutionen verdienen in diesem Zusammenhang meinen aufrichtigen Dank: An erster Stelle steht hier meine Familie, die an vielen Abenden und Wochenenden auf meine Teilnahme am Familienleben verzichten musste, während meiner Wochenendkursen und abendlichen Gastvorträgen im In- und Ausland. Meinem Sohn Christian Turner danke ich herzlich für die neuen Katzenfotos in diesem Buch, die alle unter Copyrightschutz von I.E.T. stehen. Ebenfalls möchte ich meinem Künstler-Freund Fulvio Federi aus Oberrieden/ Schweiz für seine ganz speziellen Karikaturen danken, die den Text illustrieren und auflockern. Seine Zeichnungen, die ebenfalls unter I.E.T. Copyright stehen, sind immer ein Erfolg, ganz gleich für welchen Anlass sie geschaffen werden.

Im Weiteren möchte ich den bisherigen (z.T. auch derzeitigen) Unterstützern meiner Forschungen über das Verhalten der Katze und ihre Beziehung zu uns danken, ohne sie jedoch in einen zwingenden Zusammenhang mit dem nun vorliegenden Text oder meinen begründeten Ansichten zu bringen. Zu nennen sind hier die Abteilung Verhaltensbiologie (Leitung Prof. Dr. Barbara König) am Zoologischen Institut der Universität Zürich-Irchel (Direktor Prof. Dr. Rüdiger Wehner) und der Kanton Zürich für die materielle wie auch finanzielle Unterstützung (Infrastruktur); ferner danke ich dem Schweizerischen Nationalfonds zur Förderung der wissenschaftlichen Forschung, dem Bundesamt für Veterinärwesen, Liebefeld-Bern, dem Schweizer Tierschutz, dem Institut für interdisziplinäre Erforschung der Mensch-Tier Beziehung IEMT in Zürich, dem Zürcher Tierschutz und Masterfoods AG in Zug/Schweiz und Brüssel, für ihr Vertrauen und ihre großzügige Unterstützung meiner Forschungsarbeit.

An dieser Stelle spreche ich meinen damaligen wissenschaftlichen MitarbeiterInnen, meinen bisherigen «Katzen-AssistentInnen» und StudentInnen (sowohl Doktorandinnen, DiplomandInnen wie auch I.E.T. Kurs-AbsolventInnen) meinen herzlichen Dank für ihr Teamwork aus; ich trage die volle Verantwortung dafür, wenn ich ihre Arbeiten und Forschungsergebnisse nicht in genau dem gleichen Sinne interpretiere wie sie selbst. Frau Angela Beck und Frau Alice Rieger, die verantwortlichen Lektorinnen beim Kosmos Verlag, sei ebenfalls hier gedankt.

Nicht zu vergessen sind mehrere hundert KatzenhalterInnen, in jüngerer Zeit auch viele HundehalterInnen, die uns Zugang zu ihren Tieren und zu ihren Beziehungen zu ihnen ermöglicht haben. Last but not least, danke ich den Hauskatzen, die mich, währenddem ich sie erforschte, vieles über mich selber gelehrt haben. Sie sind wirklich würdige Kreaturen, die unseren vollen Respekt verdienen.

Register

Bildnachweis

15 Farbfotos von Gabriele Metz (S. 6, 23, 26, 48, 66, 86, 88, 104/105, 108, 121, 136, 138, 146, 174, 175), 1 von Gabriele Metz/Kosmos (S. 12), 2 von Hans Reinhard (S. 13, 65), 1 von E. Rittinghaus/Juniors (S. 79), 2 von Christof Salata (S. 3 und 160), 47 von Christian M. Turner © I.E.T. (S. 5, 17, 28, 29, 30 beide, 31 beide, 37, 38, 39, 40, 42, 43, 44, 47, 60, 67, 68 beide, 69 beide, 72 beide, 74, 78, 84, 92, 94, 96, 100, 102/103, 103, 107, 112, 114, 116, 118, 125, 140, 145, 150, 158, 163, 173, 181, 183) und 30 von Dennis C. Turner © I.E.T. (S. 10 beide, 11, 15, 21, 25, 32, 35, 49, 50, 51, 52, 55, 56, 57, 59, 63, 81, 87, 89, 90, 102 oben, 104, 105, 113 beide, 147, 166, 178, 179).

29 Schwarzweiß-Zeichnungen von F. Federi © I.E.T. (S. 8, 41, 43, 45, 64, 71, 76, 83, 97, 98, 101, 106, 110, 119, 123, 127, 131, 142, 144, 148, 149, 152, 154, 156, 157, 159, 162, 168, 182), 1 von Eva Hohrath (S. 27) und 1 von Schwanke & Raasch (S. 134).

Impressum

Umschlag von eStudio Calamar unter Verwendung von 3 Farbfotos von Christian M. Turner © I.E.T.

Mit 102 Farbfotos, und 31 Schwarzweißzeichnungen.

Bibliografische Information Der Deutschen Bibliothek Die Deutsche Bibliothek verzeichnet diese Publikation in der Deutschen Nationalbibliografie; detaillierte bibliografische Daten sind im Internet über http://dnb.ddb.de abrufbar.

Gedruckt auf chlorfrei gebleichtem Papier

© 2004, Franckh-Kosmos Verlags-GmbH & Co., Stuttgart Alle Rechte vorbehalten
ISBN 3-440-09339-5
Projektleitung: Angela Beck
Redaktion: Alice Rieger
Gestaltungskonzept: eStudio Calamar
Produktion: Kirsten Raue / Markus Schärtlein
Printed in Czech Republic / Imprimé en République Tchèque

Informationen senden wir Ihnen gerne zu

Bücher · Kalender · Spiele Experimentierkästen · CDs · Videos

Natur · Garten & Zimmerpflanzen · Heimtiere · Pferde & Reiten · Astronomie · Angeln & Jagd · Eisenbahn & Nutzfahrzeuge · Kinder & Jugend

KOSMOS

Postfach 10 60 11
D-70049 Stuttgart
TELEFON +49 (0)711-2191-0
FAX +49 (0)711-2191-422
WEB www.kosmos.de
E-MAIL info@kosmos.de